1682

SAMMLUNG METZLER

REALIEN ZUR LITERATUR

ABT. D:

LITERATURGESCHICHTE

ERNST SOUDEK

Meister Eckhart

MCMLXXIII

J. B. METZLERSCHE VERLAGSBUCHHANDLUNG

STUTTGART

JOSEF QUINT

in dankbarer Anerkennung seines Lebenswerkes gewidmet

ISBN 3 476 10120 7

M 120

 Satz und Druck: Gulde-Druck, Tübingen
Printed in Germany

Inhalt

I. Einleitung 1

Wesensbestimmung der Mystik — Literatur — Die dt. spekul. Mystik. Quellen u. Ansätze — Philos. u. theol. Vorbilder — Die dt. spekul. Mystik vor u. neben Meister Eckhart — Literatur

II. Meister Eckharts Leben 16

Name, Herkunft, Ausbildung — Provinzial d. Saxonia u. Generalvikar v. Böhmen — Zweites Pariser Magisterium — Straßburger Aufenthalt — Die Kölner Phase des Eckhart-Prozesses — Die Avignoneser Phase des Eckhart-Prozesses — Literatur

III. Meister Eckharts Werk 24

Das lateinische Werk — Literatur — Das deutsche Werk — Literatur

IV. Grundgedanken der Lehre Meister Eckharts 34

Schriftl. Quellen — Zum Wesen Gottes — Zum Seelenbegriff — Die Gottesgeburt in der Seele — M. E's Ethik — Literatur

V. Meister Eckhart im Spiegel der Nachwelt bis zur Reformation 47

Tauler — Seuse — Nikolaus v. Kues — Literatur

VI. Forschungsgeschichte 51

Die Anfänge der Eckhart-Forschung — Die Denifle-Ära — Neuansatz d. Forschung — Das Eckhartbild des 20. Jhs. — Literatur

Register 73

Vorwort

Dieser Band soll einen Einblick in das Leben und Schaffen Meister Eckharts gewähren und darüber hinaus dem Leser die Möglichkeit bieten, sich über die Geschichte und den gegenwärtigen Stand der Eckhartforschung zu orientieren. Dabei wird bald deutlich werden, wieviel Unklarheit noch selbst bei grundlegenden Fragen herrscht. Eine vollständige Bibliographie kann hier nicht geboten werden, doch wird der wichtigsten Primär- und Sekundärliteratur Rechnung getragen. Ergänzende Bibliographien bieten I. Degenhardt: »Studien zum Wandel des Eckhartbildes«, 1967; F. W. Wentzlaff-Eggebert: »Deutsche Mystik zwischen Mittelalter und Neuzeit«, 1969; und Kosch: »Deutsches Literatur-Lexikon«, 3. Bd, 1971. Das lateinische Werk Meister Eckharts wird hier nur der Vollständigkeit wegen gestreift; das Hauptaugenmerk gilt Meister Eckhart als deutschem Mystiker, wobei »deutsch« auf die Sprache bezogen sein will.

In unserer kurzatmigen Zeit kann das hier vorgelegte Material vielleicht über die Lektüre Meister Eckharts hinaus als Anregung zum intensiven Studium seines Werkes und zur Lösung verschiedener Einzelprobleme dienen.

Houston (Texas), Januar 1973 E. S.

Abkürzungsverzeichnis

ADB	=	Allgemeine deutsche Biographie
AfdA	=	Anzeiger für deutsches Altertum und deutsche Literatur
AFP	=	Archivum fratrum Praedicatorum
AHDL	=	Archives d'histoire doctrinale et litteraire du Moyen-age
ALKG	=	Archiv für Literatur- und Kirchengeschichte des Mittelalters
ArchRelg	=	Archiv für Religionswissenschaft
»BdgT«	=	Meister Eckhart: Buch der göttlichen Tröstung
BdPh	=	Blätter für deutsche Philosophie
BGPhMA	=	Beiträge zur Geschichte der Philosophie des Mittelalters
Blakney	=	B. Blakney: Meister Eckhart. A Modern Translation, 1941
Büttner, M. E.	=	H. Büttner: Meister Eckeharts Schriften und Predigten aus dem Mittelhochdeutschen übersetzt und herausgeg., 2 Bde., 1903
ChrK	=	Zeitschrift für christliche Kunst
Clark	=	J. M. Clark: Meister Eckhart. An Introduction to the Study of His Works with an Anthology of His Sermons, 1957
Clark-Skinner	=	J. M. Clark-J. V. Skinner: Meister Eckhart Selected Treatises and Sermons, 1958
DLZ	=	Deutsche Literaturzeitung
DVjs	=	Deutsche Vierteljahrsschrift f. Literaturwissenschaft und Geistesgeschichte
Eckhart-Festschr.	=	Meister Eckhart der Prediger. Festschrift zum Eckhardtgedenkjahr, hrsg. U. Nix und R. Öchslin, 1960
ÉG	=	Études Germaniques
Festschr. Jos. Quint	=	Festschrift Josef Quint, hrsg. H. Moser, R. Schützeichel und K. Stackmann, 1964
Freib. Zschr.	=	Freiburger Zeitschrift für Philosophie und Theologie
HistpolBll	=	Historisch-politische Blätter für das katholische Deutschland
JEGPh	=	Journal of English and Germanic Philology
KJbGörr	=	Kunstwissenschaftliches Jahrbuch der Görresgesellschaft
Koch (I od. II)	=	Jos. Koch: Kritische Studien zum Leben Meister Eckharts, in: AFP 29, 1959, S. 1 bis 51 und 30, 1960, S. 5—52
La Mystique rhénane	=	La Mystique rhénane. Colloque de Stras-

	bourg, 1961, Secretaire général Jean Dagens, veröffentl. 1963
LEHMANN	= W. Lehmann: Meister Eckehart, 1919 (Übers.)
QUINT, DW	= Meister Eckhart. Die deutschen und lateinischen Werke. 1. Abteilung: Die deutschen Werke, hrsg. v. Jos. Quint, 1936 ff.
LW	= Meister Eckhart. Die dt. und lat. Werke. 2. Abteilung: die lateinischen Werke, hrsg. v. E. Benz, K. Christ, B. Geyer, J. Koch, E. Seeberg, K. Weiß, 1936 ff.
MAbh	= Abhandlungen der Bayrischen Akademie der Wissenschaften
MEW	= Meister Eckhart. Die dt. u. lat. Werke. 3. Abteilung: Untersuchungen
MSb	= Sitzungsberichte der Bayrischen Akademie der Wissenschaften
NAK	= Nederlandsch Archief voor Kerkgeschiedens
NDB	= Neue deutsche Biographie
PBB	= Beiträge zur Geschichte der deutschen Sprache
QUINT, M. E.	= Jos. Quint, Meister Eckehart. Deutsche Predigten und Traktate. Herausgegeben und übersetzt, 1955
»RdU«	= Meister Eckhart: Reden der Unterscheidung
RG	= Religion und Geisteskultur
RUH, Mystik	= Altdeutsche und altniederländische Mystik, hrsg. v. K. Ruh, 1964
SCHULZE-MAIZIER	= Friedr. Schulze-Maizier: Meister Eckharts deutsche Predigten und Traktate, ausgewählt, übertragen und eingeleitet. 2. Aufl., 1934
SPAMER	= A. Spamer: Zur Überlieferung der Pfeifferschen Eckharttexte, in: PBB 34, 1909, S. 307 bis 420
STAMMLER	= W. Stammler: Meister Eckhart in Norddeutschland, in: ZfdA 59, 1922, S. 179 bis 216
Scholastik	= Scholastik. Vierteljahrsschrift für Theol. u. Philos.
ThLZ	= Theologische Literaturzeitung
TheolRev	= Theologische Revue
TheolZs	= Theologische Zeitschrift
»VA«	= Meister Eckhart: Von Abgeschiedenheit
»VeM«	= Meister Eckhart: Vom edlen Menschen
ZfdA	= Zeitschrift für deutsches Altertum
ZfDK	= Zeitschrift für Deutschkunde
ZfdPh	= Zeitschrift für deutsche Philologie

ZfhistTh	=	Zeitschrift für historische Theologie
ZfkTheol	=	Zeitschrift für katholische Theologie
ZfdSpr	=	Zeitschrift für deutsche Sprache
ZfTheolK	=	Zeitschrift für Theologie und Kirche
ZKG	=	Zeitschrift für Kirchengeschichte

I. Einleitung

Wesensbestimmung der Mystik: In einem Realienbuch über Meister Eckhart kann man nicht umhin, mit einer Begriffsbestimmung der Mystik zu beginnen, denn nicht als Theologe oder Philosoph, sondern als der größte deutsche Mystiker des Mittelalters ist Meister Eckhart in die Geschichte eingegangen. Nimmt man aber die gewöhnlichen Vorstellungen von der Mystik als wegweisend für das tiefere Verständnis Meister Eckharts, so geht man fehl, denn mit affektiver Berauschung, mit Okkultismus, Schwärmertum, Visionen und Auditionen, Stigmata und parapsychologischen Erscheinungen hat der Dominikanermönch nichts zu tun.

Grundsätzlich läßt sich die Mystik bestimmen als das Streben nach Vereinigung des subjektiven *Ich* der Seele mit dem objektiven *Du* des Absoluten. Dabei kommt es darauf an, daß »der Mystiker zunächst eine grundsätzliche Geschiedenheit zwischen Gott und Seele voraussetzt, deren Überwindung wenigstens im Bewußtsein den Zentralgedanken und das Hauptmotiv jeder Mystik ausmacht« (R. Meerpohl: »Meister Eckharts Lehre vom Seelenfünklein«, 1926, S. 57 f.). Den Mystiker kümmert ausschließlich der Weg zu Gott; es ist ihm deshalb gleichgültig, ob das Religionssystem, innerhalb dessen Rahmen er sich bewegt, Transzendenz lehrt oder Immanenz. Im christlichen Glauben wird z. B. eine gewisse Immanenz durch das Prinzip des Heiligen Geistes vorausgesetzt, wobei aber die Transzendenz Gottes nach außen hin gewahrt bleibt, da der gewöhnliche Gläubige keine apriorische Kenntnis der Anteilnahme Gottes an seinem Sein hat und er Gott auch nicht auf dem Weg der gewöhnlichen Empirie kennenlernen kann.

Die Begriffstrennung von Religion und Mystik ist ohnedies willkürlich, da Mystik die Religion zur Voraussetzung hat und der Unterschied zwischen den beiden nur im Grad der Intensität besteht, mit der Gott erfahren wird (der Mystiker ›spürt‹ und ›erkennt‹ was der gewöhnliche Gläubige nur ahnen kann). Das Einswerden des subjektiven *Ich* mit dem objektiven *Du* ereignet sich in mannigfaltigen Nuancen, da beide Faktoren variable Größen sind, die auf Grund ihrer Verschiedenheit bestimmen, ob es sich um Willensmystik, Gefühlsmystik, oder um Spekulativmystik handelt.

Die *Willensmystik*, meistens die erste Stufe und Vorbedingung zu den höheren Arten der Mystik, ist als ›Reinigungsprozeß‹ aufzufassen. Der Wille macht die äußerste Anstrengung, von der Sinnlichkeit der Außenwelt loszukommen, indem er Triebhaftigkeit und Sinneserfahrung ›abscheidet‹. Diese asketische Mystik enthält das Paradox, daß alle Übung und Übungskunst darauf hinzielt, durch Willensanstrengung den Eigenwillen abzutöten, um so frei zu sein für das Gotteswirken in der Seele. Auch Meister Eckhart hat mit dieser Stufe der Mystik begonnen; sein Erstlingswerk, die »Reden der Unterscheidung«, gehören ganz in den Bereich der Willensmystik, doch ist das Prinzip der Abscheidung, das auf dem Wunsch beruht, Gott in sich ›einzuladen‹ (man erinnere sich an Joh. 14, 23: »Wer mich liebt, bewahrt mein Wort; mein Vater wird ihn lieben und wir werden zu ihm kommen und Wohnung bei ihm nehmen«), so grundlegend für die christliche Mystik, daß es auch aus keinem der anderen Werke Meister Eckharts wegzudenken ist.

Bei der *Gefühlsmystik*, die meistens auf die Willensmystik folgt, beginnt das Übersinnliche selber zu sprechen; es schweigt der Wille, die Eigentätigkeit des Menschen, und Gott wird ›erlitten‹. Das charakteristischste Merkmal dieser mystischen Stufe ist eine verzückte Passivität, wobei in der christlichen Religion die Gehalte der Offenbarung — vorzüglich die Leiden Christi — gefühlsbetont ›vergegenwärtigt‹ werden. Dabei kommt es zu den außergewöhnlichen Erscheinungen des mystischen Erlebens, zu Visionen, Auditionen und Stigmata, die oft den Eindruck des psychopathisch Krankhaften erwecken. Es kann daher nicht verwundern, daß sich Meister Eckhart in seinen Predigten gegenüber dieser Art von Mystik sehr zurückhaltend verhält, denn sie muß ihm als eine Gefahr erscheinen, »weil sich ja immer sehr schwer erweisen läßt, ob das Gefühl uns wahre Offenbarung bringt, ob nicht das mystische Genießen nur eine feinere Art des sinnlichen Genusses ist« (A. Dempf, »Meister Eckhart«, 1936, S. 70).

Die *spekulative Mystik* (Meister Eckharts Weg zur Einigung mit Gott) geht von der Prämisse aus, Gott denkend erfassen und ›erleben‹ zu können. Unter »Spekulation« versteht man die Befähigung, einen Begriff von seinen sinnlichen Merkmalen loszulösen und zu seinem reinsten Wesen vorzudringen. Die konsequente Weiterentwicklung dieses meditativen Abstraktionsprozesses ermöglicht dem Mystiker eine Steigerung des Erkennens über jeden Begriff hinaus zum schlechthin Absoluten, Allgemeinen und Bestimmungslosen, das identisch ist mit Gott. Wir sehen nun, warum die spekulative Mystik nur in Religionssystemen zur Entfaltung kommen kann, die einen strikten, unüberbrückbaren Dualismus zwischen Seele und Gott ablehnen, und auch, warum der spekulative Mystiker immer wieder Gefahr läuft, als Pantheist angesehen zu werden.

Die unio mystica der spekulativen ›Durchdringungsmystik‹ auf konkrete Weise zu beschreiben, entzieht sich der Möglichkeit des Mystikers, da sich die Sprache im Bereich des Absoluten als inadäquates Ausdrucksmittel erweist. So kann er das ekstatische Erleben Gottes nur immer wieder in annähernden Begriffen umschreiben, was bei einem modernen Leser oft eine lähmende Wirkung hervorruft. In einer Welt, in der das Erleben Gottes aber als eine konkrete Möglichkeit angesehen wurde, mußten diese Um- und Beschreibungen wie Steine eines Mosaiks wirken, die angehäuft zu einem Ganzen ein Erfassen Gottes ermöglichten, das nur noch durch die unio mystica selbst gesteigert werden konnte.

Literatur zur Wesensbestimmung der Mystik: C. Clemen: Die Mystik nach Wesen, Entwicklung und Bedeutung, 1923; V. Delbos: Qu'est-ce que la mystique?, 1925; M. Grabmann: Wesen und Grundfragen der kirchlichen Mystik, 2. Aufl., 1923; W. R. Inge: Christian Mysticism, 1899: W. James: Varieties of Religious Experience, 1902; L. Lercher: Grundsätzliches über Mystik aus Theologie und Philosophie, in: ZfkTheol 42, 1919; Y. E. Masson: Vie chrétienne et vie spirituelle. Introduction à l'étude de la théologie ascétique et mystique, 1929; R. Otto: West-östliche Mystik, 1926; A. Stolz: Theologie der Mystik, 1936; H. Thurston: The Physical Phenomena of Mysticism, 1952; E. Underhill: Mysticism, 1911 (dt. 1928); J. Zahn: Einführung in die christliche Mystik, 5. Aufl., 1922.

Die deutsche spekulative Mystik. Quellen und Ansätze: Nach dem Niedergang der glanzvollen staufischen Ritterkultur, in einer Zeit des Umbruchs und der Krisen, bestand in Deutschland eine große Aufnahmebereitschaft für die Mystik. Sie erblühte im 13. und 14. Jh. als ein Heilmittel einer an den grellen Dissonanzen zwischen Diesseits und Jenseits zerbrechenden Menschheit. Denn das Ziel jeglicher Mystik ist es, Disharmonie aufzuheben und die Spannung auszugleichen, die aus dem Parallelerlebnis von Gottesfremde und Gottesnähe erwächst. In Deutschland waren es zuerst die Frauen, in denen sich mystisches Erleben regte; vor allem in der Magdeburger Begine Mechthild von Magdeburg (1210—1283?) und der flämischen Nonne Hadewych (gest. um 1260) hatte eine durch Bernhard v. Clairvaux beeinflußte, prophetische Gefühlsmystik ihren dichterischen Ausdruck gefunden. Man möchte schon in Hadewychs »Visioenen« und besonders in Mechthilds »Fließendes Licht in der Gottheit« die Ansätze zu dem erkennen, was bei Meister Eckhart seinen Höhepunkt erreichte: die gedankliche Durchdringung des mystischen Erlebnisses; denn bei beiden Mystikerinnen finden sich Spuren von scholastisch-wissenschaftlichem Denken, von Spekulation und Reflexion über die unio mystica. Es ist möglich, daß diese Ansätze bereits auf die Tätigkeit der *fratres docti* des Dominikanerordens zurückzuführen sind. Papst Clemens V. hatte diese 1267 mit der *cura monalium,* d. h. der geistlichen Betreuung und Unterweisung der Dominikanernonnen beauftragt. Viele der unter der Obhut der gelehrten Männer stehenden Frauen kamen aus höheren Gesellschaftsschichten und hatten nur durch äußere Umstände gezwungen den Schleier genommen. Oft besaßen sie großen Bildungshunger, besonders nach theologischer und philosophischer Unterweisung, und waren dazu noch von einer ungewöhnlichen Gefühlsinbrunst und visionssüchtigen Erregbarkeit erfüllt. Dies allein — die zufällige Verbindung einer ›mystikreifen‹ Nonnenschar mit den Lehren der Dominikaner — hätte indessen wohl nicht genügt, die *fratres docti* zu einer spekulativ-mystischen Predigtweise anzuregen. Daß die spekulative Mystik zustande kam, ist letztlich allein darauf zurückzuführen, daß nicht nur die Nonnen, sondern auch deren Lehrer den »intuitus mysticus« besaßen, der den Kern jedes Mystikers ausmacht und ihn vom gewöhnlichen scholastischen Lehrer unterscheidet.

Philosophische und theologische Vorbilder: Die deutsche spekulative Mystik, deren Blütezeit sich ziemlich genau mit der ersten Hälfte des 14. Jhs. abgrenzen läßt, hat zum Fundament die gleichen Quellen wie die Scholastik, nämlich die hellenistische und patristische Philosophie. Das Ziel jeglicher Mystik ist es, wie schon oben erwähnt, das Spannungsverhältnis zwischen Transzendenz und Immanenz, in dessen Kräftefeld der Mystiker sich bewegt, zur Harmonie zu führen. Hilfreich bei diesem Bemühen waren der spekulativen Mystik des Mittelalters die verwandten Anschauungen der Neuplatoniker *Plotin* (203—269 n. Chr.), *Augustin* (gest. 430), *Dionysius-Areopagita* (um 500) und *Scotus Eriugena* (9. Jh.), die sie in ihren Grundzügen übernahm. Was die Mystiker an der Philosophie dieser Denker faszinierte, ist einerseits die in ihr vorausgesetzte Wesensgleichförmigkeit des göttlichen und des menschlichen Intellekts, zum anderen die Möglichkeit, durch eine monistische Seinsspekulation die (in der Nus-Logoslehre noch fragliche) Kontinuität zwischen dem All-Einen (ἕν) und der Vielheit der materiellen Welt als lückenlos zu beweisen.

Neben den philosophischen Grundsätzen des Neuplatonismus spielt in der spekulativen Mystik auch noch die Aristotelische Psychologie eine wichtige Rolle, die durch *Alfarabi* (gest. 950), *Avicenna* (gest. 980), *Averroes* (1126—1198), *Avicebron* (1020—1070) und *Maimonides* (1135—1204) ihre Weiterentwicklung erfahren hatte. Diese Philosophen hatten die Intellectus-agens-Lehre des Aristoteles zu einem sog. ›Monopsychismus‹ ausgebildet, indem sie den intellectus-agens, der ursprünglich als die aktive Kraft aufgefaßt wurde, mit deren Hilfe die der Sinneswahrnehmung innewohnende Idee erfaßt werden kann, zu einer überindividuellen Kraft, einer Universalintelligenz der Menschheit steigerten. Durch mystisch-göttliche Überformung des intellectus-agens konnte der Mystiker dann zur unio mystica gelangen, wobei aber der mystische Einigungsprozeß mit Gott schließlich doch mit Plotin in das Zentrum der Seele verlegt wurde, in die »synteresis« oder deutsch »Seelengrund, Seelenfünklein, Gemüt etc.«.

Zu den direkten Vorläufern der dt. spekulativen Mystik kann man unter den großen Denkern des 12. und 13. Jhs. nur Hugo v. St. Viktor (1096—1141), Richard v. St. Viktor (gest. 1173), Bonaventura (1221—1274) und Albertus Magnus (1193—1280) zählen. Hugo v. St. Viktor unterscheidet drei verschiedene Erkenntnisbefähigungen des menschlichen Intellekts: die *cogitatio* (das flüchtige Erkennen der Dinge nach ihrem sinnlichen Eindruck), die *meditatio* (das Durchdringen der durch die *cogitatio* wahrgenommenen Werte mittels diskursiven Denkens) und die *contemplatio* (die umfassende Erkenntnis des Wesens der Dinge, die in ihrer höchsten Entwicklung die Schau Gottes ermöglicht). Richard v. St. Viktor fügt diese Erkenntniskategorien zu den drei verschiedenen Seelenvermögen der *imaginatio*, *ratio* und *intelligentia* und läßt den menschlichen Geist eine von einer Erkenntnis zur anderen gesteigerte Entäußerung des Eigenbewußtseins erfahren, bis es schließlich durch die *alienatio* zum völligen Verlieren des Ich-Bewußtseins und zur Schau Gottes kommt. Ähnlich wie die Viktoriner entwickelt Bonaventura den Aufstieg der Erkenntnis durch die *cogitatio*, *meditatio* und *contemplatio*, wobei die unio mystica durch die ekstatische Übersteigerung des »apex mentis«, des Gipfels des Affekts, herbeigeführt wird.

Das Denken des Albertus Magnus enthält neben den vorherrschenden Aristotelischen Ideen auch einen starken arabisch-neuplatonischen Einschlag, der sich in der Form mystisch spekulativer Ansätze äußert. Vor allem ist es seine Lichtmetaphysik, nach der alles Sein in abgestufter Weise am göttlichen Licht teilhat, die sich zur mystisch-spekulativen Weiterentwicklung eignet. Auch der Begriff der »synteresis« findet sich bei Albertus Magnus als eine »scintilla conscientiae« wieder, eine über den Seelenkräften liegende permanente Anlage zur gesetzmäßigen Willens- und Denkaktion, die von einem Vollmystiker leicht mit dem Seelengrund identifiziert werden kann.

Neben diesen Denkern ragen noch andere mystisch veranlagte Theologen oder Philosophen hervor, doch darf man keinen unter ihnen als echten Vorläufer der dt. spekulativen Mystik ansprechen. BERNHARD v. CLAIRVAUX z. B. ist Vollmystiker, doch ist seine Mystik Augustinisch-christozentrisch und adialektisch. Er betont die *imitatio*, die liebevolle Demut der Nachfolge Christi, die auf ihrem Höhepunkt zu einer Verähnlichung mit Gott führt, jedoch eine Einigung des Willens in und durch die Liebe darstellt und daher keine substantielle Einigung als Ziel hat. Bernhards Mystik wirkte insbesonders auf die Frauenmystik befruchtend und fand in Franz v. Assisi einen genialen Praktiker, war aber für die spekulative M. zu gefühlsakzentuiert. THOMAS v. AQUINO (1225—1274), der Fürst der Scholastik, bot der Mystik kaum Anknüpfungspunkte, da seine Intellekt- und Seinslehre eine scharfe Grenze zwischen Mensch und Welt einerseits und Gott andererseits zieht und er den für das mystische Denken so förderlichen Fluß des neuplatonischen Emanationssystems durch eine Aristotelische Statik individueller Seinsabsonderungen ersetzte.

Die deutsche spekulative Mystik vor und neben Meister Eckhart: Der erste dominikanische *frater doctus*, der seiner Zuhörerschaft die mystische Wahrheit in spekulativer Form auf deutsch darzustellen suchte, scheint DIETRICH v. FREIBERG (ca. 1250—1310) gewesen zu sein. Leider ist keine seiner deutschen Predigten erhalten, doch baut er in seinen lateinischen Schriften ein System aus, das schon viele wesentliche Gedanken der dt. Mystik enthält. So bemüht er sich grundsätzlich, die neuplatonische Idee von der Emanation alles Seins aus dem göttlichen Sein und seine Rückkehr zum Urgrund mit dem christlichen Schöpfungsbegriff in Einklang zu bringen. Durch den Seelengrund (intellectus agens) vermeint er die Verbindung des menschlichen Intellekts mit dem göttlichen schaffen zu können. Die Schau Gottes wird dem irdischen Menschen ermöglicht durch die Koinzidenz des intellectus-agens mit dem intellectus-possibilis, der die Potenz zur Erkenntnis der wesenhaften Wahrheit aller Dinge in sich einschließt.

Die ersten *fratres*, von denen deutsche Predigten mit spekulativem Gedankengut erhalten sind, sind Johannes v. Steingassen, Gerhard v. Steingassen, Nikolaus v. Straßburg und Meister

Eckhart. Von den drei ersteren, die alle Zeigenossen Meister Eckharts waren, sind nur einige Predigten erhalten, die zwar beweisen, daß die Verfasser mystisch-spekulativ orientiert, jedoch zugleich zu sehr im strengen Thomismus verfangen waren, um zu den Höhen der Spekulation vordringen zu können, die Meister Eckhart neben ihnen erreichte. So müssen wir Meister Eckhart als ein in sich geschlossenes Phänomen ansehen: er ist nicht nur der eigentliche Begründer, sondern zugleich der Vollender der deutschen spekulativen Mystik. Er ist der geistigste aller Mystiker des Mittelalters, denn keiner seiner Zeitgenossen und Jünger erreichte die ihm eigene Verbindung höchster Spekulation über das Übersinnliche mit dem Sinnlich-Anschaulichen des Weltbildes.

Es ist das Schicksal dieses großen Erneuerers religiösen Erlebens, daß sein Werk nur in beschränktem Ausmaß *direkten* Einfluß auf die Nachwelt ausüben konnte. Seine Lehre lebte aber in den Werken seiner Jünger weiter und übte einen derartigen *indirekten* Einfluß auf die abendländische Geistesgeschichte aus, daß wir Eckhart heute als den neben Ockham bedeutendsten Denker der Jahrhundert- und Zeitwende vom Mittelalter zur Neuzeit betrachten können.

Meister Eckhart war seiner ganzen Anlage nach ein tieffrommer, grundkatholischer Mensch, der sein Leben lang in der Absicht wirkte, orthodoxe Ideen neu auszulegen. Aus der Tiefe seines mystisch-intuitiven Wissens war er zu der Überzeugung gelangt, daß der Wesenskern der Seele und der göttliche Seinsgrund von gleicher Art sein müßten, daß Gott und Mensch in ihrem Sein auf eine Art verbunden seien, wie sie die traditionelle Theologie bis dahin noch nicht auszudrücken vermocht hatte. Das Wie dieser Verbindung zu fassen und es seinen Mitmenschen zu offenbaren, war Antrieb und Ziel seiner Seinsspekulation und seiner mystischen Lehre von der Geburt Gottes in der Seele. Meister Eckharts erster Schritt dazu war, daß er — dann über seinen Lehrer Thomas v. Aquino hinausgehend — das Interesse vom arthaften Geistseelenbegriff der aristotelischen Scholastik auf die Person und Persönlichkeit des Menschen verlagerte (vgl. A. Dempf, »Meister Eckhart« 1960, S. 43 ff.). Schon die antike Menschenlehre hatte die unverlierbare Geistnatur als das eigentliche Menschenwesen anerkannt und den Blick vom allgemeinen Menschenwesen auf den Selbststand des Einzelnen gelenkt. Die altchristliche Philosophie fand dann die Bestimmung der menschlichen Person als individuelle Existenz einer geistigen Natur, ergänzte also die antike Geistnaturlehre mit einem geistigen Individuationsprinzip über und neben der stofflichen Vereinzelung. Im Gegensatz zum Essenz-, Seelen- und Naturbegriff der Antike prägte sie den Existenzbegriff für die geistige Person. Die Scholastik übernahm dieses Erbe, drängte es aber durch ihr wesentliches Interesse an einer allgemeingültigen Ethik in den Hintergrund, um so wie die Antike den arthaften Seelenbegriff als metaphysische Grundlage ihrer Ethik zu verwenden. Für den Mystiker ist nun die Beziehung des Einzelnen zu Gott das einzig Ausschlaggebende; so mußte für Meister Eckhart der Geist wichtiger sein als die Geistseele. Da er sich aber im Rahmen der traditionellen katholischen Lehre bewegen wollte, konnte er die Geistseele nicht außer acht lassen: er hat sie schließlich unter Vernachlässigung einer klaren Scheidung von Individuations- und Spezifikationsprinzip als »Seelengrund« so nahe an den Geist geführt, daß der Verdacht des Pantheismus gegen ihn erhoben wurde.

Ein weiterer Schritt zu seiner individuellen ›Lehre‹ war Meister Eckharts Betonung der christlichen Gnadenlehre, d. h. die Höherstellung der iustitia Christi gegenüber der zu seiner Zeit Verbreitung erlangenden Überzeugung der Tatphilosophie. Obzwar Luther später nichts von Eckharts metaphysischer Begründung der Rechtfertigung durch Christus übernahm, wurde er doch indirekt über Tauler, Seuse und die »Theologia deutsch« von dem Gedankengut des Mystikers beeinflußt. Wenn also die Gnadenlehre geradezu zum Hauptanliegen der Reformation wurde, so hat Meister Eckhart einen bedeutenden Teil dazu beigesteuert, ohne sich aber mit seiner persönlichen Frömmigkeitslehre außerhalb der Kirche stellen zu wollen.

Von großer und in die Zukunft deutender Wichtigkeit war schließlich Meister Eckharts Versuch, die neuplatonische Urgrundslehre mit der christlichen Offenbarungslehre zu verbinden, indem er den Logos als Wort aus göttlichem Wesen deutete und die drei göttlichen Personen als eine aus dem Gottesgrund der Gottheit hervorgehende absolute Einheit und Gleichheit auffaßte, an die er die geschaffenen Geisteswesen so hoch wie möglich heranrückte. Die daraus folgende Lehre vom Berührungspunkt der geschaffenen Geistseele mit dem ewig Göttlichen wurde zu Meister Eckharts wichtigster Errungenschaft: es ist die Lehre, die Meister Eckhart schon bald nach seinem Tod im Volksmund den Ruf verschaffte, daß ihm »got nie niht verbarc«.

Handbücher zur Religionsphilosophie des Mittelalters: E. Benz: Ecclesia Spiritualis. Kirchenidee und Geschichtstheologie der franziskanischen Reformation, 1934; A. Dempf: Die Hauptformen mittelalterl. Weltanschauung, 1925; Ders.: Sacrum Imperium, 1929; Ders.: Ethik des Mittelalters, 1927; Ders.: Metaphysik des Mittelalters, 1930; ders.: Religionsphilosophie, 1937; E. Gilson: L'ésprit de la philosophie médiévale, 1942; M. Grabmann: Gesch. d. scholastischen Methode, 2 Bde., 1909—11; ders.: Mittelalterliches Geistesleben, 2 Bde., 1926—36; A. Harnack: Lehrbuch der Dogmengeschichte, III, 1910; A. Hauck: Kirchengeschichte Deutschlands, 1898; R. Seeberg: Lehrbuch der Dogmengeschichte, III, 1913.

Zur geschichtlichen Entwicklung und Verbreitung der deutschen spekulativen Mystik: J. Ancelet-Hustache: Maître Eckhart et la mystique rhénane, 1956; C. Baeumker: Der Anteil des Elsaß an den geistigen Bewegungen des Mittelalters (Vortrag), Straßburg, 1912; J. Bernhart: Bernhardinische und Eckhartische Mystik in ihren Beziehungen und Gegensätzen. Eine dogmengeschichtliche Untersuchung, Diss. Kempten, 1912; G. M. Bertin: Il misticismo medievale, 1944; F. Böhringer: Die deutschen Mystiker des 14. und 15. Jhs., 1877; S. Cheney: Men Who Have Walked With God. Dt.: Vom mystischen Leben. Geschichte der Mystik in den verschiedenen Zeitaltern, 1946; J. Chuzeville: Les mystiques allemands du XIIIe au XIXe siècle, Paris, 1935; O. Clemen: Deutsche Mystik, Frankfurt, 1926; R. Cruel: Gesch. d. dt. Predigt im Mittelalter, 1879 (Reprogr. Nachdr. 1966); H. Delacroix: Essai sur le mysticisme spéculatif en Allemagne au XVe siècle, Paris, 1899; ders.: Études d'histoire et de psychologie du mysticisme. Les grands mystiques chrétiens, Paris, 1908; H. S. Denifle: Über die Anfänge der Predigtweise d. deutschen Mystiker, in: ALKG 2 (1886), S. 641 ff.; K. Greith: Die deutsche Mystik im Predigerorden, 1861; H. Grundmann: Die geschichtlichen Grundlagen der deutschen Mystik, in: DVjs 12, 1934, S. 400 bis 429 (ebenso in: Ruh, Mystik, S. 72—99); H. Heimsoeth: Die sechs großen Themen der abendländischen Metaphysik und der Ausgang des Mittelalters, 1922, 2. Aufl., 1934; X.de Hornstein: Les grands mystiques allemands; Eckhart, Tauler, Suso; 1923; A. Jundt: Histoire du panthéisme populaire au moyen-âge et au seizième siècle, 1875; J. Koch: Mystik, in: Überweg-Geyer: Die patristische und scholastische Philosophie, 11. Aufl., 1928; W. Koepp: Wurzeln und Ursprung der orthodoxen Lehre der unio mystica, in: ZfTheolK, Bd. 29, 1921, S. 46 f. und S. 139 f.; H. Lichtenberger: Le mysticisme allemand. Revue des Cours et Conférences XVII, 2-XIX, 1, 1910/11; D. Mahnke: Unendliche Sphäre und Allmittelpunkt, Halle, 1937; P. Mehlhorn: Die Blütezeit der dt. Mystik, 1907; G. Müller: Das Zeitalter der Mystik, in: ZfDk, 1928, S. 177 ff.; W. Muschg: Die Mystik in der Schweiz, 1200—1500, 1935; L. Naumann: Deutsche

Mystik, 1925; L. Noack: Die christliche Mystik des Mittelalters, 1853; R. Otto: West-östliche Mystik. Vergleich und Unterscheidung zur Wesensdeutung, 1926; R. C. Petry: Late Medieval Mysticism, 1957; P. Pourrat: La spiritualité chrétienne, Bd. 2: Le moyen-âge, 1925; J. Quint: Mystik, in: Merker/Stammler: Reallexikon, 2. Aufl., 2. Bd., 1962, S. 544—568; J. H. W. Rosteutscher: Die Wiederkunft des Dionysos. Der naturmystische Irrationalismus in Deutschland, 1947; E. L. Schellenberg: Die deutsche Mystik, 3. Aufl., 1939; C. Schmidt: Essai sur les mystiques du 14e siècle, 1836; ders. Études sur le mysticisme allemand au 14e siècle, 1847; L. Schreyer: Deutsche Mystik, 1925; H. Schwarz: Auf Wegen der Mystik, 1924; ders: Über neuere Mystik, 1920; A. Spamer: Die Mystik, in: Behagel Festschrift, 1934, S. 331—379; W. Stammler: Studien zur Geschichte der Mystik in Norddeutschland, in: ArchRelg 21, 1922, S. 122—162; F. W. Wentzlaff-Eggebert: Deutsche Mystik zwischen Mittelalter und Neuzeit, 3. Aufl., 1968.

Zur Theologie, Philosophie und Phänomenologie der deutschen spekulativen Mystik: H. Appel: Die Synteresis in d. mittelalterl. Mystik, in: ZGK 13, 1892, S. 535—44; C. Baeumker: Der Platonismus im Mittelalter, 1916 (ebenso in: Beierwaltes: Platonismus, s. u.); D. Baumgardt: Mystik und Wissenschaft. Ihr Ort im abendländischen Denken, 1963; W. Beierwaltes (Hrsg.): Der Platonismus i. d. Phil. des Mittelalters, 1969 (darin wichtige Beiträge von E. v. Ivanka, J. Koch, C. Baeumker, J. Hirschberger); E. Benz: Über den Adel in der deutschen Mystik, in: DVjs 14, 1936, S. 505—35; J. Bernhart: Die philos. Mystik des Mittelalters von ihren antiken Ursprüngen bis zur Renaissance, 1922 (repr. 1967); M. Bindschedler: Weltfremdheit und Weltoffenheit des mystischen Denkens, in: TheolZs 7, 1951, S. 180—191; J. A. Bizet: Die geistesgesch. Bedeutung der dt. Mystik, in: DVjs 40, 1966, S. 305—15; K. Boeckl: Die sieben Gaben des hl. Geistes in ihrer Bedeutung für die Mystik nach d. Theol. des 13. u. 14. Jhs., 1931; ders.: Die Eucharistie-Lehre der deutschen Mystik des Mittelalters, 1924; J. Daniélou: Platonisme et théologie mystique, 1944; H. Delacroix: Essai sur le mysticisme speculatif en Allemagne au 14e siècle, 1900: A. Dempf: Metaphysik des Mittelalters, 1930 (Reprogr. Nachdr. 1971); H. S. Denifle: Eine Geschichte der Mystik, in: HistpolBll 75, 1875; S. 684 ff.; M. de Gandillac: Tradition et dévelloppement de la mystique rhénane. Eckhart, Tauler, Seuse, in: Melanges des sciènces religieuses 3, 1946, S. 37—82; E. Gilson: L'esprit de la philosophie médiévale, 1942; M. Grabmann: Gesch. d. kathol. Theol. seit dem Ausg. der Väterzeit, 1933 (Nachdr. 1965); J. Hirschberger: Gesch. d. Philosophie, 1949; E. Hoffmann: Platonismus und Mystik im Altertum, 1935; E. v.Ivanka: Vom Platonismus zur Theorie der Mystik, in: Scholastik 11, 1936, S. 163—195 (ebenso in: Ruh, Mystik, S. 35—71); J. Koch: Platonismus im Mittelalter, 1948; G. Müller: Zur Bestimmung des Begriffs »Altdeutsche Mystik« in: DVjs 4, 1926, S. 97—126 (ebenso in: Ruh, Mystik, S. 1—34);

K. RICHSTÄTTER: Die Herz-Jesu-Verehrung des deutschen Mittelalters, 1924; K. RUH: Die trinitarische Spekulation in deutscher Mystik und Scholastik, in: ZfdPh 72, 1953, S. 24—53; H. SCHÄR: Erlösungsvorstellungen und ihre psychol. Aspekte, 1950; TH. STEINBÜCHEL: Mensch und Gott in Frömmigkeit und Ethos der deutschen Mystik, 1952; I. TRAUNBAUER: Beiträge zum mystisch-aszetischen Schrifttum des deutschen Spätmittelalters, Diss. Wien, 1955; F. W. WENTZLAFF-EGGEBERT: Erscheinungsformen der »unio mystica« in der deutschen Literatur u. Dichtung, in: DVjs 22, 1944, S. 237—77.

Kulturgeschichtliche und soziologische Studien der deutschen spekulativen Mystik: T. ACHELIS: Über die kulturgeschichtliche Bedeutung der Mystik, in: RG I, S. 158 ff.; W. AUENER: Volksfrömmigkeit im späten Mittelalter, 1926; J. BERNHART: Zur Soziologie der Mystik, in: Süddeutsche Monatshefte, 1929; S. BEYSCHLAG: Städte, Höfe, Gelehrte. 1430—1490, in: Annalen der dt. Lit. 1962, S. 255—86; J. A. BIZET: Die deutschen Mystiker als Lehrmeister des christlichen Abendlandes, in: Univ. Bund Marburg, Mitteilungen, 1959/60, S. 86—95; W. DREES: Katholische Mystik als soziologisches Phänomen, 1929; M. GRABMANN: Die Kulturwerte der deutschen Mystik des Mittelalters, 1923; H. GRUNDMANN: Religiöse Bewegungen im Mittelalter, Untersuchungen über die geschichtlichen Zusammenhänge zwischen Ketzerei, dem Bettelorden und der religiösen Frauenbewegung im 12. und 13. Jh. und über die geschichtlichen Grundlagen der deutschen Mystik, 1935; P. KELLEY: Poverty and the Rhineland Mystics, in: The Downside Review 74, 1955/56; H. KUHN: Rittertum und Mystik, 1962 (ebenso in: H. K., Text und Theorie, 1969, S. 216—226); G. LÖHR: Über die Heimat einiger deutscher Prediger und Mystiker aus dem Dominikanerorden, in: ZfdA 82, 1948/50, S. 173—78; G. LÜERS: Die Auffassung der Liebe bei mittelalterlichen Mystikern, in: Eine hl. Kirche 22, 1941, S. 110—118; G. MENSCHING: Deutsche und außerdeutsche Mystik, in: G. M.: Gott u. Mensch, 1948; R. C. PETRY: Social Responsibility and the Late Med. Mystics, in: Church History 21, 1952, S. 3—19; A. SPAMER: Über die Zersetzung und Vererbung in den deutschen Mystikertexten, Diss. Gießen, 1910; W. ZIPPEL: Die Mystiker und die deutsche Gesellschaft des 13. und 14. Jhs., Diss. Leipzig, 1935.

Literaturgeschichtliche Darstellungen d. dt. Mystik bieten: G. EHRISMANN: Gesch. d. dt. Lit bis zum Ausg. d. Mittelalters, Schlußband, 1935; W. GOLTHER: Die dt. Dichtung im Mittelalter 800—1500, 1922; J. HUIZINGA: Herbst des Mittelalters, 10. Aufl., 1969; J. NADLER: Literaturgesch. des deutschen Volkes. Dichtung und Schrifttum der deutschen Stämme u. Landschaften, 4. Aufl., 1939, H. SCHNEIDER: Heldendichtung, Geistlichendichtung, Ritterdichtung, 1925, 1943; J. SCHWIETERING: Mystik u. höfische Dichtung im Hochmittelalter, ²1962; R. STADELMANN: Vom Geist des ausgehenden Mittelalters, 1929; W. STAMMLER: Von der Mystik zum Barock (1400—1600), 2. Aufl. 1950.

Wichtige Textsammlungen: Mystische Texte aus dem Mittelalter, hrsg. v. W. MUSCHG, 1943; Deutsche Mystiker des 14. Jhs., hrsg. v. F. PFEIFFER, 2 Bde, 1845—1857 [Bd. I: Hermann v. Fritzlar, Nikolaus v. Straßburg, David von Augsburg; Bd. II: Meister Eckhart]; Deutsche Mystikertexte, hrsg. v. J. QUINT, 1929 [Mechthild v. Magdeburg, Hadewych, Meister Eckhart]; Texte aus der deutschen Mystik des 14. und 15. Jhs., hrsg. v. A. SPAMER, 1912 [aus den Kreisen um Meister Eckhart]; Paradisus animae intelligentis, hrsg. v. PH. STRAUCH, 1919 [M. E. und seine Jünger]; Textbuch zur Mystik des dt. Mittelalters, hrsg. v. J. QUINT, 1952 (2. Aufl. 1957); Altdeutsche Mystik, hrsg. v. K. RUH, 1950.

Übersetzungen: O. KARRER, Hrsg.: Textgesch. der Mystik, 3 Bde, 1926—27 (Bd. 1 u. 2 über d. Mittelalter); Deutsche Mystiker, Sammlung Kösel, 5 Bde, ausgew. v. W. OEHL, J. BERNHART u. M. DAVID-WINDSTOSSER, 1919; W. OEHL, Hrsg.: Deutsche Mystikerbriefe des Mittelalters 1100—1500, 1931; L. SCHREYER, Hrsg.: Deutsche Mystik, 1925; F. SCHULZE-MAIZIER, Hrsg.: Myst. Dichtungen aus sieben Jahrhunderten, 1925; MARIA DAVID-WINDSTOSSER, Hrsg.: Frauenmystik im Mittelalter, 1919 (Bd. 5 der »Deutschen Mystiker«).
Literatur zur deutschen Frauenmystik: FR. W. WENTZLAFF-EGGEBERT: Deutsche Mystik zwischen Mittelalter und Neuzeit, 3. Aufl., 1969 (übersichtliche Darstellung mit guten Literaturhinweisen); M. ESCHERICH: Das Visionswesen in den deutschen Frauenklöstern, 1916; M. GRABMANN: Deutsche Frauenmystik, in: Mittelalterl. Geistesleben, Bd. I, 1926; G. PIELLER: Deutsche Frauenmystik im 13. Jh., Diss. Wien, 1928; H. WILMS: Geschichte d. deutschen Dominikanerinnen 1206 bis 1916, 1920; H. WILMS: Das Tugendstreben der Mystikerinnen, 1927; J. SCHMUCK: Deutsche Frauenmystik d. Mittelalters, 1926.
Zur mystischen Sprache: K. BERGER: Die Ausdrücke der Unio mystica im Mittelhochdeutschen, 1935; H. McN. R. GEHRING: The Language of Mysticism in South German Dominican Convent Chronicles of the 14th Century. Univ. of Michigan Diss., 1957; K. GOLDHAMMER: Lichtsymbolik in philos. Weltanschauung, Mystik und Theosophie vom 15. bis zum 17. Jh., in: Studium generale 13, 1960, S. 670—81; H. W. HAGEN: Mystische Weltanschauungsformen und ihr Ausdruck in der Stilgebung, in: ZfdPh 58, S. 117—140; J. KOCH: Über die Lichtsymbolik im Bereich der Philosophie und der Mystik des Mittelalters, in: Studium generale 13, 1960, S. 653—69; H. KUNISCH: Das Wort Grund in der Sprache der deutschen Mystik des 14. und 15. Jhs., Diss. Münster, 1929; DERS.: Die mittelalterliche Mystik und die deutsche Sprache, in: Lit. wiss. Jb. 6, 1965, S. 37—90; U. M. NIX: Sprache und Mystik, in: Muttersprache 72, 1962, S. 129—35; DERS.: Kapitel ›Sprache und Mystik‹, in: U. N.: Der mystische Wortschatz Meister Eckharts im Lichte der energetischen Sprachbetrachtung, 1963, S. 46 ff.; J. QUINT: Mystik und Sprache. Ihr Verhältnis zueinander, insbes. in der spekulativen Mystik Meister Eckharts, in: DVjs 27, 1953, S. 48—76 (ebenso in: RUH, Mystik, S. 113—151); CH. H. SCHEEBEN:

Über die Predigtweise der dt. Mystiker, in: RUH, Mystik, S. 100—112: L. SEPPÄNEN: Studien zur Terminologie des Paradisus anime intelligentis. Beiträge zur Erforschung der Sprache der mittelhochdeutschen Mystik u. Scholastik, Diss. Helsinki, 1964: H. SILBERER: Probleme der Mystik und ihrer Symbolik, 1914 (fotomech. Nachdr. 1961); F. WODTKE: Die Allegorie des inneren Paradieses bei Bernh. v. Clairvaux, Honorius Augustodunensis, Gottfried v. Straßburg u. in der deutschen Mystik, in: Festschr. Jos. Quint, 1964, S. 277—90; O. ZIRKER: Die Bereicherung des dt. Wortschatzes durch die spätmittelalterliche Mystik, 1923.

Die dt. spekul. Mystik in Poesie und bildender Kunst: G. BEBERMEYER: Die deutsche Dicht- und Bildkunst im Spätmittelalter. Ein Durchblick auf ihre Wechselbeziehungen, in: DVjs 7, 1929, S. 305 ff.; E. BENARY: Liedformen der deutschen Mystik im 14. und 15. Jahrhundert, Diss. Greifswald, 1936; E. BENZ: Christliche Mystik und christliche Kunst, in: DVjs 12, 1934, S. 22—48; H. BREMOND: Mystik und Poesie (übersetzt v. E. F. Neufforge), 1929; E. HEDERER: Mystik und Lyrik, 1941; E. HINTZE: Der Einfluß der Mystik auf die Kölner Malerschule, Diss. Breslau, 1901; L. KALTHOFF: Die bildlichen Darstellungen der unio mystica bei den deutschen Mystikern des 13. und 14. Jhs., Diss. Rostock, 1920; A. PELTZER: Mystik und deutsche Kunst, Diss. Heidelberg, 1899 (Straßburg, 1899); J. SAUER: Mystik und Kunst unter besonderer Berücksichtigung des Oberrheins, KJbGörr 1, 1928, S. 3—28; F. WITTE: Mystik und Kreuzbild um 1300, in: ChrK 33, 1920.

Meister Eckhart

Allgemeine Darstellungen, Zusammenfassungen, Einführungen: J. BACH: Meister Eckhart, der Vater der deutschen Spekulation, 1864; A. BAUMGARTNER: Eckhart, in: Wetzer und Weltes Kirchenlexikon, 2. Aufl., 1886; E. BÖHMER: Meister Eckhart, in: Gisebrechts Damaris, 1865, S. 52—97; K. BRETHAUER: Eckhart, in: Ev. Kirchenlexikon, Bd. 1, 1956, S. 989; J. CLARK: The Great German Mystics: Eckhart, Tauler, and Suso, 1949; DERS.: Meister Eckhart. An Introduction to the Study of His Works, with an Anthology of His Sermons, 1957; A. DEMPF: Meister Eckhart, eine Einführung in sein Werk, 1934; DERS.: Meister Eckhart als Mystiker und Metaphysiker, in: Festschr. Erich Przywara, 1959, S. 171—87; DERS.: Meister Eckhart, 1960; S. M. DEUTSCH: Eckhart, in: Realenzyklop. f. prot. Theol. u. Kirche, Bd. 5, S. 142—154; ECKHART-FESTSCHRIFT: Meister Eckhart der Prediger, hrsg. U. M. NIX und R. ÖCHSLIN, 1960; H. FISCHER: Eckhart, in: Lexikon f. Theol. u. Kirche, III, 2. Aufl., 1959, Sp. 645 ff.; H. FRIESE: Ein Prophet des deutschen Idealismus, in: ZfDk 40, 1926, S. 386—397; B. GEYER: Eckehart, in: Friedr. Überwegs Grundriß der Gesch. d. Philos., 2. Teil, 11. Auflage, S. 561 ff. und S. 779 ff., 1928; R. GRABS: Meister Eckhart. Zum 700-Jahr-Gedenken seiner Geburt, in: Glaube und Gewissen 6, 1960, S. 145—147; H. GRAEDENER: Über

Meister Eckehart, in: Die Tat 19, 1927, S. 354—362; W. Grebe: Zur Frage der gerechten Würdigung Meister Eckharts, in: BdPh 18, 1944, S. 187—195; H. Grundmann: Meister Eckhart, in: NDB, Bd. I, 1935, S. 230 ff.; P. Gurk: Meister Eckhart, 1925; A. Hanel: Meister Eckhart als Philosoph der Tat, in: Der Türmer 29,3, 1927, S. 66—68; A. Hauk: Kirchengeschichte Deutschlands, 5. Bd., 1. Teil, 1911, S. 351 ff.; K. Heussi: Meister Eckhart, in: Studien der Lutherakademie NF 1, 1953; J. Hirschberger: Meister Eckhart, in: Hirschberger, Geschichte der Philosophie, Bd. 1, 1962, S. 544—559; X.de Hornstein: Les grands mystiques allemands du 14e siècle. Eckart, Tauler, Suso, 1922; A. Jundt: Essai sur le mysticisme spéculatif de Maître Eckart, 1871; O. Karrer: Meister Eckehart. Der Mensch und der Wissenschaftler, in: Hochland 23, 1925/26, S. 535—49; H. Jürgens: Meister Eckehart, der Gottesfreund vom Rhein, 1935; J. Koch: Meister Eckhart und die jüdische Religionsphilosophie des Mittelalters, 1928; ders.: Artikel ›Eckhart‹, in: Die dt. Lit. des Mittelalters. Verfasserlexikon, hrsg. K. Langosch, Bd. 1, 1933, S. 495 ff. und V, 1955, S. 163 ff.; ders.: Zur Einführung, Eckhart-Festschrift, 1960, S. 1—24; E. Kramm: Meister Eckhart im Lichte der Denifle'schen Funde, 1889; E. Krebs: Die christlich-germanische Frömmigkeit in der deutschen Mystik unter besonderer Berücksichtigung des Meister Eckhart, in: Oberrhein. Pastoralbl. 37, 1935, S. 1—11 und S. 41—49; A. Lasson: Meister Eckhart der Mystiker. Zur Gesch. der rel. Spekulation in Deutschland, 1868; ders.: Eckhart, in: Überweg-Heinze, Grundr. d. Gesch. d. Philos., Bd. 2, 1905 (und früher); W. Lehmann-Borby: Meister Eckehart, der gotische Mystiker, 1933; W. v. Löwenich: Zum Verständnis Meister Eckhardts, in: Löwenich, Von Augustin bis Luther, 1959, S. 136—149; H. Martensen: Meister Eckart, 1842; ders.: Mester Eckart, et Bidrag til ad oplyse Middelalderens Mystik, 1851; W. Meyer-Erlach: Meister Eckhart, 1937; R. L. Öchslin: Eckhart, in: Dictionaire de Spiritualité ascétique et mystique, hrsg. M. Viller, 1958; K. Oltmanns: Meister Eckhart, 1935; neuaufgel. 1957, (dazu: E. Benz, ZfKG 57, 1938, S. 579 ff. und O. Karrer, Schweizer Rundschau 35, 1935, S. 405 f.); H. Piesch: Zum Kampf um Meister Eckhart, in: Hochland 25, 1928, S. 96 ff.; dies.: Meister Eckhart, 1946; W. Preger: Geschichte der deutschen Mystik im Mittelalter. Nach den Quellen untersucht und dargestellt, 3 Bde, 1874—93; über Eckhart Bd. 1, S. 309—488, Neudruck 1962; ders.: Kritische Studien zu Meister Eckhart, in: ZfhistTh 36, 1866, S. 453—517; ders.: Vorarbeiten zu einer Geschichte der deutschen Mystik im 13. und 14. Jahrh., in: ZfhistTh 39, 1869, Heft 1, über Eckhart S. 49—79; ders.: Eckhart, in: ADB 5, 1877, S. 618—626; J. Quint: Meister Eckehart, in: Überwegs Grundriß d. Gesch. d. Phil., 2. Teil, 1928, S. 561—571; ders.: Meister Eckehart, in: Von deutscher Art in Sprache und Dichtung, hrsg. Fricke, Koch, Lugowski, 3. Bd., 1941, S. 3—44; ders.: Meister Eckehart etwa 1260—1327, in: Die großen Deutschen. Hrsg. H. HEIMPEL u. a., Bd. 1, 1956, S. 246—259; ders.: Meister Eckehart, in:

Zeitschr. f. Deutsche Kulturphil. 5, 1939, S. 209—231; DERS.: Meister Eckehart, 1955, S. 9—50 [Einleitung]; M. RIEGER: Eckard, in: Wakkernagel, Altdeutsche Predigten und Gebete, 1876, S. 398—429; H. SCHLÖTERMANN: Deutsche Mystik (Meister Eckhart), in: Schlötermann, Vom Göttlichen Urgrund, 1950, S. 23—41; C. SCHMIDT: Meister Eckard, in: Real-Ezyclop. Herzog, 1855; DERS.: Meister Eckart. Ein Beitrag zur Geschichte der Theologie und Philosophie des Mittelalters, in: Theol. Studien und Kritiken 12, 1839, S. 663—744; M. SCHMAUS: Eckehart, in: Lexikon für Theol. u. Kirche, 2. Aufl., 3. Bd., 1931, Sp. 527; E. SEEBERG: Meister Eckhart (Vortrag), 1934; P. STRAUCH: Meister Eckhart-Probleme (Vortrag), 1912; F. VERNET: Ekkart, in: Dictionnaire de théologie catholique, 4. Bd., 1911, Sp. 1057 bis 2081; C. WEISS: Meister Eckhart. Deutscher Glaube, 1934.

Name, Herkunft, Ausbildung: Was wir vom Leben Meister Eckharts wissen, ist sehr wenig und reicht trotz des Bemühens fast aller namhaften Eckhartbiographen nur zu einem lückenhaften Bild. Wenn es einigen Literaturhistorikern dennoch gelungen zu sein scheint, eine mehr oder weniger geschlossene Darstellung vom Lebenslauf des Meisters zu bieten, dann nur deshalb, weil sie dabei von ihrer Phantasie reichhaltigen Gebrauch machten und die dokumentarisch belegten Daten mit rein fiktiven zu einem bunten Kaleidoskop zusammenwürfelten.

Es ist mit einiger Sicherheit anzunehmen, daß Eckhart von Hochheim (auch Eckart, Eckhart, Eggert, Echardus, Ayhardus, Aycardus, Equardus, Eycardus, Eckehart etc. genannt) um 1260 in Thüringen geboren wurde. Als sein Geburtsort kommen zwei Dörfer in Betracht, das eine bei Erfurt, das andere bei Gotha gelegen. Welchem dieser Orte das Recht zufällt, Meister Eckhart als den Seinen zu beanspruchen, läßt sich nicht eindeutig bestimmen. Wer seine Eltern und welchen Standes sie waren, wissen wir auch nicht, doch hat J. Koch gegenüber der landläufigen Meinung stichhaltige Beweise erbracht, daß Meister Eckhart wahrscheinlich nicht aus adeligem Geschlecht stammte (vgl. ›AFP‹ 29, 1959, S. 7 f.).

Meister Eckhart trat schon mit jungen Jahren in den Dominikanerkonvent in Erfurt ein und beendete vor 1277 sein Noviziat, denn in diesem Jahr ist er als Student der Artes in Paris nachweisbar. Noch vor 1280 kehrte er nach Deutschland zurück und begann das Studium der Theologie am Studium generale seines Ordens in Köln; dort kam er vielleicht noch mit Albertus Magnus in Berührung. Die Leitung des Ordens muß schon früh die vielseitige Begabung des jungen Mönchs erkannt haben, denn in den »Reden der Unterscheidung« (RdU), Meister Eckharts erstem deutschsprachigen Werk, wird darauf hingewiesen, daß der Verfasser die beiden wichtigen Ämter des Priors von Erfurt und des Vikars von Thüringen zugleich innehatte.

Es ist inzwischen eindeutig belegt, daß die »RdU« zwischen 1294 und 1298 entstanden sind. Der terminus a quo ergibt sich daraus, daß Meister Eckhart im Schuljahr 1293/94 als Baccalar in Paris verweilte; der terminus ad quem hinwieder ist durch den Beschluß des Generalkapitels des Dominikanerordens von Metz gegeben, im Jahre 1298 die Verbindung der beiden von Meister Eckhart verwalteten Ämter in einer Hand zu untersagen. Man muß sich Meister Eckhart jedenfalls als einen Mann vorstellen, der schon in seinen Dreißigerjahren eine der prominentesten Persönlichkeiten seines Ordens war.

Meister Eckharts Priorat endete spätestens 1300, denn in diesem Jahr entband das Generalkapitel von Marseille alle Konventprioren der Provinz Teutonia von ihren Ämtern. Als Vikar von Thüringen mußte er aber immer noch so wichtige Klöster wie Erfurt, Eisenach, Jena, Mühlhausen und Nordhausen beaufsichtigen und auf langen Fußwanderungen bereisen. Aber auch dieses Amt muß er spätestens 1302 niedergelegt haben, denn in diesem Jahr wurde er in Paris zum Magister der Theologie ernannt und übernahm den einzigen für Nichtfranzosen vorbehaltenen Lehrstuhl auf ein Jahr. Danach kehrte er wieder in seinen Heimatkonvent Erfurt zurück.

Provinzial der Saxonia und Generalvikar von Böhmen: Nach vorangegangenen Beratungen in Köln und Bologna beschloß das Generalkapitel von Besançon 1303, eine Anzahl zu groß gewordener Provinzen zu teilen. Unter diesen befand sich auch die Teutonia, Meister Eckharts Heimatprovinz. Für die neugegründete Provinz Saxonia ernannte man Meister Eckhart als Provinzial. In dieser Funktion unterstanden seiner Fürsorge weite Teile Norddeutschlands, die damaligen Dominikaner-»Nationen« Meißen, Thüringen, Hessen, Sachsen, Mark Brandenburg, Sclavonia, Friesland, Westfalen, Seeland und Holland. Seine Oberaufsicht erstreckte sich auf nicht weniger als 47 Konvente und eine Anzahl von Frauenklöstern.

Zu seinen Pflichten als Oberhaupt der neugegründeten Provinz kamen vier Jahre später (1307) noch jene des Generalvikars der verwaisten Provinz Böhmen. Mit diesem Amt waren die Vollmachten verbunden, durchgreifende Reformen in den verwahrlosten böhmischen Konventen durchzuführen.

Zweites Pariser Magisterium: 1310 erwiesen die Elektoren der Teutonia Meister Eckhart die außergewöhnliche Ehre, ihn zu ihrem Provinzial zu erwählen. Dieser Schritt beweist, daß sein Erfolg als höchster Ordensverwalter der Saxonia groß gewesen sein muß. Das Generalkapitel von Neapel (1311) bestätigte diese Wahl jedoch nicht; statt dessen wurde Meister Eckhart von allen seinen Ämtern entbunden und als Magister »ad legendum« nach Paris entsandt. Diese abermalige Entsendung stellte eine große Auszeichnung dar und kann nur mit der zweimaligen Beauftragung des hl. Thomas v. Aquino (1256 u. 1269) verglichen werden. Über den Zweck der Entsendung herrscht unter den Forschern geteilte Meinung. THÉRY behauptet, daß der Meister nach Paris gesandt wurde »pour y commenter les Sentences de Piérre Lombard«; KOCH, QUINT und DEMPF meinen dagegen, daß man sich Meister Eckhart während dieser zweijährigen Tätigkeit in Paris hauptsächlich als Exegeten denken muß. Die meisten Forscher sind sich aber darin einig, daß in diesen Jahren die Gedanken zu Meister Eckharts Hauptwerk (dem »Opus tripartitum«) herangereift sind, wenn man sich auch gegen den Enthusiasmus CLARKS verwahren muß, daß das Werk als »datable« und »written in Paris« bezeichnet werden kann.

Straßburger Aufenthalt: Meister Eckharts erneuter Pariser Aufenthalt endete wahrscheinlich mit dem Schuljahr 1312/13, denn schon im April 1314 ist er in Straßburg urkundlich nachweisbar. Er kehrte also nicht in seine Heimatprovinz zurück, sondern in die neugegründete Saxonia. Worin Meister Eckharts Aufgabe während seiner Straßburger Zeit bestand, ist nicht eindeutig geklärt. Verschiedene Forscher haben aus einer Straßburger Schenkungsurkunde vom 13. April 1314 den Schluß gezogen, daß er in Straßburg als Lektor oder als Leiter der dominikanischen Ordensschule fungierte. Hingegen sieht KOCH (I, S. 42) den Grund für Meister Eckharts Entsendung vor allem in der ihm zugeteilten seelsorgerischen Betreuung der süddeutschen Frauenklöster und will keinen eindeutigen Schluß in bezug auf eine eventuelle Straßburger Lehrtätigkeit des Magisters zulassen.

Köln: Meister Eckharts Aufenthalt in Straßburg endete wohl nicht vor 1322, da der nun über Sechzigjährige noch im selben Jahr als Visitator des Frauenklosters Unterlinden nicht weit von Straßburg bestellt wurde. Vermutlich wurde er erst 1323 nach Köln gesandt. Man muß sich Meister Eckhart in Köln wieder als Prediger und Seelsorger vorstellen, doch dürfte der Hauptgrund für seine Übersiedlung die Berufung auf den Lehrstuhl des Studium generale seines Ordens gewesen sein. Diese Berufung stellte ein großes Vertrauensvotum der Ordensoberhäupter für Meister Eckhart dar. Nach Köln kamen damals Studenten aus den Provinzen Teutonia, Saxonia, Polonia, Bohemia und Hungaria, also aus einem großen Teil des heutigen Nord- und Mitteleuropas. Koch (II, S. 6) schätzt die jährliche Zahl der Studenten am Studium generale zur Zeit Eckharts auf dreißig bis vierzig. Viele von ihnen, darunter Tauler und Seuse, wurden später selbst berühmte Prediger und Theologen. Der direkte Einfluß Meister Eckharts auf diese jungen Männer kann jedoch nicht mehr als vier Jahre gedauert haben, da die Zeit des ungetrübten Ansehens und der Verehrung des Mystikers zu einem plötzlichen Halt kam, als der Erzbischof von Köln, Heinrich von Virneburg, 1326 gegen ihn ein Inquisitionsverfahren anstrengte. Die Anklage warf ihm die Verbreitung häretischer Lehren in deutscher Sprache vor.

Die Kölner Phase des Eckhart-Prozesses: Über die Hintergründe der Anklage gibt es geteilte Meinungen. KARRER glaubt, daß sie das Resultat des Konfliktes zwischen Franziskanern und Dominikanern darstellt, wobei erstere durch Eckharts Verurteilung nicht speziell ihn, sondern den Thomismus generell treffen wollten. Dagegen meint KOCH (II, S. 26 f.), daß Meister Eckhart zwar eine umfangreiche Kenntnis Thomistischer Ideen besessen habe, man ihn aber nicht als ausgesprochenen »Thomisten« bezeichnen dürfe. Nicht stichhaltig erscheint PREGERS Behauptung, daß der Beschluß des Generalkapitels in Venedig (1325), gewisse Brüder in der Teutonia zu bestrafen, da diese in Volkspredigten zu Irrglauben führende Dinge verlautbarten, gegen Eckhart gerichtet war. Nicht ganz bestreiten jedoch läßt sich, daß dem Verfahren gegen Meister Eckhart die Züge einer persönlichen Rache des Erzbischofs Heinrich anhafteten. Dieser hatte sich schon während der ersten Jahre seiner Regierung als besonders scharfer Gegner jeglicher von der orthodoxen Linie abweichender Lehren erwiesen. Die Härte und Ausdauer, mit der er gegen Eckhart bis über dessen Lebensende hinaus vorging, beweist, daß er bei dem berühmten Meister keine Ausnahme machen wollte, selbst wenn es bis dahin noch nicht vorgekommen war, daß ein Angehöriger des Dominikanerordens wegen Häresie angeklagt wurde.

Aus den überlieferten Dokumenten über den Prozeß geht hervor, daß eine vom Erzbischof berufene Kommission am 26. September 1326 Meister Eckhart 49 belastende Textstellen aus seinen lateinischen Schriften, dem »BdgT« und den deutschen Predigten zur Stellungnahme vorlegte. Dazu kam bald darauf eine weitere Liste, die 59 Sätze enthielt, diesmal nur den deutschen Predigten entnommen. Schon vor diesen Maßnahmen, also 1325/26, hatte sich die Ordensverwaltung der Dominikaner dazu entschlossen, Meister Eckharts Lehren zu untersuchen, wahrscheinlich um Heinrich v. Virneburg den Wind aus den Segeln zu nehmen. Paradoxerweise führte dieses von Meister Eckharts Lektor und Vikar der Teutonia, Nikolaus von Straßburg, geleitete Verfahren dazu, daß letzterer von Heinrich bei der Kurie wegen Nachlässigkeit im Vorgehen gegen den häresieverdächtigen Eckhart verklagt wurde.

Auf die ihm vorgelegten Sätze antwortete Meister Eckhart mit seiner sogenannten »Rechtfertigungsschrift«. Darin bestreitet er nicht nur seine Schuld, sondern bezweifelt auch die rechtliche Grundlage des gegen ihn gerichteten Verfahrens, denn gemäß den Privilegien seines Ordens habe er sich vor keiner anderen Autorität als der der Pariser Universität oder des Papstes zu verantworten. Um aber nicht den Verdacht zu erregen, er gehe feige einer Rechtfertigung aus dem Wege, sei er bereit, freiwillig Rede und Antwort zu stehen. Die Inquisitionskommissare, denen für Eckharts Prozeß kein Präzedenzfall zur Verfügung stand, konnten über seine Rückäußerungen zu keinem rechten Schluß kommen. Daraus erklärt sich auch, daß auf die beiden ersten Listen verdächtiger Sätze bald noch einige andere folgten, so daß Meister Eckhart zu insgesamt vier oder fünf Listen mit häresieverdächtigen Sätzen Stellung nehmen mußte. Das Verfahren gegen den Dominikaner spielte sich jedenfalls im wesentlichen schriftlich ab und nahm so geraume Zeit in Anspruch. Meister Eckhart gelangte anscheinend bald zu der Überzeugung, daß man seinen Prozeß verschleppen wolle. Er richtete sich am 24. Januar 1327 in einer von Konrad von Halberstadt verlesenen Appellation an den Papst, in der er sich beklagte, daß die Richter immer wieder neue Termine ansetzten, ohne jemals zu einem Urteil zu kommen. Auch beanstandete Meister Eckhart, daß sich die Kommission häufig auf moralisch belastete Mitbrüder berufe (gemeint waren Hermann von Summo und Wilhelm von Nidecken) und deren Aussagen mehr Glauben schenke als den seinen. Als dritte Beschwerde fügte er hinzu, daß der vom Papst bestellte Visitator (also Nikolaus von Straßburg) bereits seine Lehren überprüft und den Häresieverdacht verneint habe, wobei er sich anscheinend auf den traditionellen Rechtssatz berief, daß die selbe Sache nicht nochmals behandelt werden dürfe, nachdem einmal ein Urteil gefällt worden war. Auf diese Appellation folgte am 13. Februar eine in der Dominikanerkirche von Konrad von Halberstadt verlesene Erklärung in lateinischer Sprache mit deutschem Kommentar, in der Meister Eckhart feierlich Gott als Zeugen dafür anrief, daß er sich zeit seines Lebens bemüht habe, jeden Irrtum im Glauben und jeden Verstoß gegen die Sittlichkeit zu vermeiden. Er widerrufe, so ließ er verlautbaren, im vorhinein jeglichen Irrtum, den man ihm in seinen Schriften nachweisen könne. Damit verneinte der Meister nicht die Möglichkeit, irrige Ansichten gelehrt zu haben, wehrte sich aber gegen jeglichen Verdacht der Häresie, da diese ja eine Sache des Willens sei und er keinen Willen zum Irrglauben habe.

Diese Erklärung vor der Öffentlichkeit hat unter den Eckhart-Forschern zu großer Kontroverse Anlaß gegeben. Man wertete sie einerseits als feigen oder wenigstens diplomatischen Rückzug vor den reaktionären kirchlichen Kräften, legte sie andererseits als ein aus ehrlicher Überzeugung von der eigenen Fehlbarkeit kommendes Bekenntnis eines tief religiös und traditionell denkenden Menschens aus. So behauptet z. B. B. CLARK, daß »lest his silence should be interpreted as meaning consent, Eckhart appealed to his own congregation« (S. 23). Gegen diese Hypothese stellt sich KOCH, indem er meint, daß das ungebildete und schlecht informierte Volk, das ohnehin Schwierigkeiten hatte, Eckharts deutsche Predigten zu verstehen, trotz des Kommentars wohl kaum den Sinn der lateinischen Erklärung erfassen konnte. Man darf jedoch nicht außer acht lassen, daß sich Meister Eckharts Ruhm vor allem auf seinen Erfolg als Prediger stützte, das heißt, als Prediger vor dem Volk. Wen darf es da wundern, wenn sich der nun über sechzig Jahre alte Mann inmitten der gegen ihn gerichteten Angriffe an jene Gruppe wandte, von der ihm bis dahin nur die größte Bewunderung zuteil geworden war. Die Inquisitionskommission aber ließ sich in ihrem Vorgehen gegen den Dominikaner nicht beirren und lehnte dessen Appellation an den Papst ab.

Die Avignoneser Phase des Eckhart-Prozesses: Zu einem Urteil gegen Meister Eckhart ist es in Köln nie gekommen. Ob dies daran liegt, daß ein solches die Kompetenz der Inquisitionskommission überschritten hätte, oder daran, daß Meister Eckhart nach der ›apostoli refutatorii‹ seiner Appellation Köln verließ, um sich direkt an den Papst zu wenden, läßt sich anhand von Quellen nicht mehr feststellen. Jedenfalls gelangte der Fall vor die Kurie in Avignon. Daß Meister Eckhart 1327 in Avignon verweilte, ist durch ein Schreiben Wilhelms von Ockham bezeugt, der selbst bis zum Mai 1328 als Häresieverdächtiger in der päpstlichen Residenzstadt auf seinen Prozeß wartete.

Aus dieser Phase des Eckhart-Prozesses ist uns ein päpstliches Gutachten über 28 aus Meister Eckharts Schriften entnommenen Sätzen erhalten sowie die Verurteilungsbulle Papst Johannes XXII »In agro dominico« vom 27. März 1329. Gegenstand der neuerlichen Prüfung in Avignon war nicht mehr die Gesamtlehre Meister Eckharts, denn das hätte ein Mißtrauensvotum für die Kölner Kommission bedeutet, sondern die in Köln ausgewählten rund 150 Artikel. Als Anklagematerial blieben dann anscheinend nur die erwähnten 28 Sätze übrig, von denen allein in der Verurteilungsbulle die Rede ist. Sowohl das Gutachten als auch die darauffolgende Bulle nehmen auf einen uns unbekannten Widerruf Eckharts Bezug; man lehnte zwar nicht seine subjektive Rechtgläubigkeit ab, verurteilte jedoch den objektiven Wortlaut der einzelnen Sätze (»prout verba sonant«) und bezeichnete 17 davon als häretisch und weitere 11 als häresieverdächtig.

Meister Eckhart erlebte die Verurteilung seiner Lehre nicht mehr. Er starb irgendwann im Zeitraum vom Juli 1327 bis zum 30. April 1328. Das genaue Datum seines Hinscheidens ist ebenso wie sein Geburtsdatum nicht bekannt. Wo er starb, wissen wir ebenfalls nicht; möglicherweise geschah es noch in Avignon, da Meister Eckhart sich dort dem päpstlichen Gericht während der Dauer des Prozesses zur Verfügung halten mußte. Wie bei vielen Großen des Spätmittelalters ist auch der Ort, an dem er begraben liegt, nicht bekannt.

Die päpstliche Verurteilungsbulle erwähnt, daß Meister Eckhart vor seinem Tod einen vollkommenen Widerruf des als häretisch bezeichneten und verdächtigen Gedankengutes geleistet habe. Da ein derartiger Widerruf nicht in das Eckhartbild verschiedener Forscher paßte, verfügen wir über einige fragwürdige Versuche, diesen mit der Rechtfertigung vom 13. Februar 1327 zu identifizieren, bzw. den Widerruf als eine reine Erfindung der Kurie darzustellen. Es ist jedoch durchaus möglich, daß ein Mensch wie Meister Eckhart, dessen Predigten von der Liebe für seine Mitmenschen durchdrungen sind — ohne irgendwelche Eigenliebe zu zeigen — und den alle, die ihn näher kannten, zutiefst verehrten, eines solchen Widerrufs fähig war.

Literatur zum Leben: Eine nüchterne, unausgeschmückte Darstellung der dokumentarisch belegten Tatsachen aus Meister Eckharts Leben bietet J. Koch: Kritische Studien zum Leben Meister Eckharts, in: AFP 29, 1959, S. 5—51 und AFP 30, 1960, S. 5—52. Weitere Darstellungen: J. Ancelet-Hustache: Maître Eckhart et le mystique rhénane, 1956; dies.: Quelques précisions sur la biographie et sur l'experience mystique chez Meister Eckhart, in: ÉG, 1963; J. M. Clark: Meister Eckhart. An Introduction to the Study of His Works, 1957; H. S. Denifle: Die Heimat Meister Eckharts, in: ALKG 5, 1889, S. 349—364; A. Dempf: Meister Eckhart, 1934; ders.: Meister Eckhart, 1960; K. Heussi: Meister Eckhart, in: Studien d. Luther-Akademie, NF 1, 1953, S. 5 ff.; X. de Hornstein: Les grands mystiques allemands du XIVe siècle. Eckhart, Tauler, Suso, 1922, S. 1—49; J. Koch: Meister Eckhart in Köln, in: Studium Generale in Köln 1248, hrsg. v. C. J. Hering, 1948, S. 13 ff.; ders.: Zur Einführung, in: Eckhart-Festschr., S. 4 ff.; G. Löhr: Die Kölner Dominikanerschule vom 14. bis zum 16. Jh., 1948; E. Reffke: Studien und Probleme der Entwicklung Meister Eckharts im Opus tripartitum, in: ZKG 57, 1938 (über Meister Eckharts Leben S. 22—30). Zur Datierung der frühesten Werke Meister Eckharts: P. Kaeppeli: Praedicator

Monoculus. Sermones Parisiens de la fin du XIIIe siècle, in: AFP 27, 1957, S. 120—167 (über Meister Eckhart: S. 124, 127, 159—165).

Literatur zum Prozeß: Die wichtige »Rechtfertigungsschrift« wurde erst 1923 von A. Daniels veröffentlicht: Eine lateinische Rechtfertigungsschrift des Meister Eckhart (1326), in: BGPhMA 23,5; dieselbe verbessert bei: G. Théry: Edition critique des pieces relatives au proces d'Eckhart contenues dans le manuscrit 33e de la Bibliotheque de Soest, in: AHDL 1, 1926, S. 129—268; dieselbe übersetzt bei: O. Karrer u. H. Piesch: Meister Eckharts Rechtfertigungsschrift vom Jahre 1326. Einleitung, Übersetzung, Anmerkungen, 1927. — Die Urkunde vom 24. Januar 1327 (Verschleppung des Prozesses) zuerst abgedr. bei W. Preger: M. E. und die Inquisition, in: MAbh 11,2, 1869, S. 38—41 und in Preger: Gesch. d. dt. Mystik im Mittelalter, Bd. 1, 1874, S. 471—74; dieselbe bei H. S. Denifle: Acten zum Processe M. E's, in: ALKG 2, 1886, S. 627—30; dieselbe am verläßlichsten hrsg. durch M. H. Laurent: Autour du proces de Maître Eckart. Les Archives Vaticanes, in: Divus Thomas 39, 1936, S. 341—344. Abdrucke der deutschen Übersetzung der öffentlichen Erklärung M. E.'s vom 13. Februar 1327: Preger, in: MAbh 11, 1869, S. 42—45; Denifle, in: ALKG 2, S. 630—633; und Laurent, in: Divus Thomas, 1936, S. 344—346. — Die Ablehnung der Appellation M. E's: Preger, in: MAbh 11,2, S. 45 f., ders. in: Gesch. d. dt. Mystik I, S. 477 f., Denifle, in: ALKG 2, S. 633 f., Laurent, in: Divus Thomas, 1936, S. 346 f. — Der Brief des Papstes Johannes XXII an den Bischof Heinr. v. V., in dem M. E. als verstorben bezeichnet wird (30. April 1328): T. Kaeppeli, in: AFP 10, 1940, S. 293 f. — Die Verurteilungsbulle ›In agro dominico‹ vom 27. März 1329: O. Raynaldus: Annales ecclesiastici ed. Mansi, Lucae 1747 bis 1759, ad annum 1329; Preger: Gesch. d. dt. M. I, S. 478 ff.; Denifle, in: ALKG 2, S. 636—40; Laurent, in: Div. Thom., S. 443 f. Die Bulle in Übersetzung bei Quint: M. E., 1955, S. 449—455. — Über Heinr. v. Virneburg: G. Schwamborn: Heinrich II, Erzbischof von Köln, 1904. — Zum Prozeß im allgemeinen: I. Degenhardt: Studien zum Wandel des Eckhartbildes, 1967, S. 3 ff.; Koch: Zur Einführung, in: Eckhart-Festschr., S. 13 ff.; O. Karrer: Die Verurteilung M. E's. in: Hochland 23, 1925/26, S. 660—71; A. Lütolf: Über den Proceß und die Unterwerfung Meister Eckeharts, in: Theol. Quartalschrift 57, 1875, S. 578—603. — Zum Begriff der Exemtion: A. Hüfner: Das Rechtsinstitut der klösterlichen Exemtio in der abendländischen Kirche, in: Archiv f. kath. Kirchenrecht 85, 1906, S. 302 ff., 629 ff. und 86, 1907, S. 71 ff., 270 ff., 462 ff., 599 ff.

Meister Eckharts Werk gliedert sich in lateinische und deutsche Schriften. Das *lateinische Hauptwerk*, das *»Opus tripartitum«* (deiteiliges Werk), an dem Meister Eckhart wahrscheinlich erst nach 1314 arbeitete, ist zum größeren Teil nur als Plan überliefert. Es ist der Entwurf der Summe seiner endgültigen Lehre und setzt sich aus dem *»Opus propositionum«* (Werk der Lehrsätze), dem *»Opus quaestionum«* (Werk der Probleme) und dem *»Opus expositionum«* (Werk der Auslegung) zusammen. Vom »Opus propositionum« ist nur die Einleitung vorhanden, laut der Meister Eckhart die Absicht hatte, seine Lehre vom Sein durch Beantwortung von mehr als tausend Einzelfragen darzustellen. Das Abhandenkommen (oder Nichtzustandekommen) dieser Fundamentallehre ist »weitaus der schmerzlichste Verlust aus dem Eckhart-Werk, besonders für den Philosophen, der eigentlich nur aus diesem Werkstück eine unbedingt zuverlässige Deutung gewinnen könnte« (Dempf, »Meister Eckhart«, 1960, S. 33). Im zweiten Teil, dem »Opus quaestionum«, wollte Meister Eckhart ausgewählte Quästionen (Lehrfragen) aus der »Summa« des hl. Thomas v. Aquino behandeln, doch ist dieser Teil entweder ganz verlorengegangen oder nie zustande gekommen. Der letzte Teil, das »Opus expositionum«, ist, wenn auch nicht vollständig, erhalten und stellt für uns das eigentliche lateinische Hauptwerk des Mystikers dar. Es gibt nicht nur eine Auslegung der ganzen Heiligen Schrift, sondern auch (in den sog. Sermones) Erläuterungen einzelner biblischer Texte. Bei den erhaltenen Bibelkommentaren handelt es sich um zwei Genesiskommentare (von denen der erste die Seinslehre Meister Eckharts grundlegend entwickelt und der zweite ein Musterbeispiel symbolischer Auslegung ist) und um jeweils einen Kommentar zum Exodus, zum Buch der Weisheit und zum Johannesevangelium, wobei letzterer zeitlich und inhaltlich den Höhepunkt des Werkes darstellt. Diesen Kommentaren folgt eine Predigt über einige Stellen des Buches Ecclesiasticus, des Vaterunsers und der Episteln und Evangelien des Dominikaner-Missales vom Dreifaltigkeitssonntag an bis zum letzten Sonntag des Kirchenjahres.

Neben den noch im Fragment bedeutenden Ansätzen zum »Opus tripartitum« sind einige kleinere lateinische Schriften Meister Eckharts erhalten. Es handelt sich dabei um eine Sentenzenvorlesung (die »Collatio in Libros Sententiarum«), die Meister Eckhart 1293/94 als Baccalar in Paris hielt, um eine Osterpredigt aus dem Jahre 1294

(„Pasche nostrum immolatus est Christus. Itaque epulemur"), um eine 1302 oder 1303 am Tage des hl. Augustinus gehaltene Festpredigt („Sermo die b. Augustini"), um zwei Quästionen („Utrum in deo" und „Utrum intellegere angeli") und um eine Nachschrift der Disputation mit dem Franziskanermagister Gonsalvus (»Quaestio magistri Gonsalvi, continens rationes magistri Echardi«, LW V, S. 55—71). Diese Quästionen und Disputationsthesen lassen schon Schlüsse auf das große mystisch-theologische Talent des Verfassers zu; in ihnen trägt Meister Eckhart Grundmotive seiner Lehre vor, ohne sich freilich bewußt zu sein, daß er dabei den Rahmen der herkömmlichen Theologie sprengt. — Diese lateinischen Frühschriften wurden ergänzt durch zwei Quästionen aus der Zeit seines zweiten Pariser Magisteriums („Utrum aliquem" und „Utrum incorpore", LW V, S. 72—83).

Das wohl umstrittenste Werk des lateinischen Eckhart-Kanons ist der sog. »Sentenzenkommentar« (Cod. Brug. 491), den wir hier nur mit Vorbehalt anführen. Dieser anonyme Kommentar zu den Sentenzen des Peter Lombardus, den J. Koch gefunden, Meister Eckhart zugeeignet und etwas überhastet in die Ausgabe der Lateinischen Werke aufgenommen hat, würde — wäre er tatsächlich von Meister Eckhart verfaßt worden — den Beweis erbringen, daß der Mystiker zum Zeitpunkt der Erlangung der Magisterwürde nicht nur über die traditionellen Autoren des Mittelalters Bescheid wußte, sondern sich auch in den Werken entlegener Autoren auskannte, mit deren Lehrsätzen und Philosophemen er seine Neuerungen als orthodox glaubte ausweisen zu können. Da aber G. Meersseman den ziemlich sicheren Beweis erbracht hat, daß dieser Kommentar nicht Meister Eckhart, sondern dem Dominikaner Philip von Ghent zuzuweisen sei, soll hier nicht näher auf ihn eingegangen werden (vgl. G. Meersseman: »De Sententienkommentar van de Gentse Lektor Philip O. P.«, in: ›Studie Medievalia in hon. R. N. Martin‹, 1948, S. 383—407).

Von großer Wichtigkeit für die Textauslegung von Meister Eckharts Lehre ist hingegen seine wahrscheinlich letzte, aus der Notwendigkeit der Umstände entstandene Schrift, die sog. »Rechtfertigungsschrift« aus dem Jahre 1327, in der er sich entschieden von jeglichem Verdacht der Häresie lossagt.

Literatur:

Handschriftliche Überlieferung: Die wichtigsten lat. M.E.-Hss. sind die folgenden:

Die Cueser Hs.: Bibliothek des Hospitals, Cues a. d. Mosel, Bezeichnung: Cod. 21; 1444 im Auftrag des Nikolaus von Kues auf Papier geschrieben. Enthält die Prologe z. „Op. Trip.", die beiden Genesiskommentare, die Kommentare zum Exodus, Sap., Eccli., Joh., die Erklärung des Pater noster und den ersten Teil des »Opus sermonum«. Beschrieben von J. MARX, in: Verzeichnis der Handschriftensammlung des Hospitals zu Cues, Trier 1905.

Die Erfurter Hs.: Erfurter Stadtbücherei, Bezeichnung: C. A. 2/181 (Bibl. Amplon.). Die älteste erhaltene lat. M.E.-Hs., wahrscheinlich noch zu M. E's Lebzeit geschrieben. Enthält die Prologe, den 1. Kommentar zur Genesis, den zu Exodus, sowie Bruchstücke von Sap. und Eccli.; Papier und Pergament; viele Schreibfehler u. nachträgl. Ergänzungen. Beschrieben von H. S. DENIFLE in: ALKGMA II, 1886, S. 419 f.

Die Trierer Hs.: Trierer Staatsbibliothek, Bezeichnung 72/1056; aus dem 14./15. Jh. Enthält die Prologe, zwei Kommentare zur Genesis und den Exoduskommentar. Starke Kürzungsschrift.

Die Berliner Hs.: Berliner Staatsbibliothek. Bezeichnung Cod. lat. Quart. 724; aus dem 15. Jh. Enthält den Johanneskommentar.

Ein vollständiges Verzeichnis der bis 1936 bekannten Hss. befindet sich in: LW III, 1. Lieferung, hrsg. K. CHRIST u. J. KOCH, S. VII ff. — Eine erst vor kurzem gefundene Sammelhs. beschreibt T. KAEPPELI: Eine Kölner Handschrift mit lateinischen Eckhartexerpten, in: AFP 31, 1961, S. 204—212.

Ausgaben:

Gesamtausgaben: »Meister Eckhart. Die deutschen und lateinischen Werke«. Herausgeg. im Auftrage der deutschen Forschungsgemeinschaft, Suttgart—Berlin 1936 ff., Abteilung II: Die lateinischen Werke.

Bd. 1: I. Prologi in Opus tripartitum, Expositio Libri Genesis, Expositio Libri Exodi secundum recensionem Codicis Amploniani Fol. 181. II: Prologi in Opus tripartitum. III: Expositio Libri Genesis. Hrsg. u. übersetzt von K. WEISZ, 1964, XXII, 759 S.

Bd. 2: I. Expositio Libri Exodi. Hrsg. v. K. WEISZ. II. Sermones et Lectiones super Ecclesiastici cap. 24. III. Expositio Libri Sapientiae. IV. Expositio Cant. 1,6. Hrsg. von J. KOCH, Lfg. 1—8, S. 1—512, 1954 ff.

Bd. 3: Expositio sancti Evangelii secundum Iohannem. Hrsg. u. übers. v. K. CHRIST, B. DECKER und J. KOCH, 1936 ff.

Bd. 4: Magistri Echardi Sermones. Hrsg. u. übers. v. E. BENZ, B. DECKER u. J. KOCH, 1956.

Bd. 5: I. Collatio in Libros Sententiarum. Hrsg. v. J. KOCH. II. Quaestiones Parisienses. Hrsg. v. B. GEYER. III: Sermo die b. Augustini Parisius habitus. Hrsg. v. B. GEYER. IV. Tractatus super oratione Dominica. Hrsg. v. E. SEEBERG. V. Sermo Paschalis a. 1294 Parisius habitus. VI. Acta et regesta vitam magistri Echardi illustrantia. VII. Processus contra magistrum Echardum. VIII. Quaestiones in IV Libros Sententiarum (Cod. Brug. 491). Hrsg. v. J. KOCH, Lfg. 1—2, 1936, S. 1—128.

Teilausgaben:

H. BASCOUR, Opus tripartitum. Prologi, 1935.

A. DANIELS, Eine lateinische Rechtfertigungsschrift des Meister Eckhart, in: BGPhMA 23, 1923, Heft. 5.

H. DENIFLE, Meister Eckeharts lateinische Schriften und die Grundanschauung seiner Lehre, in: ALKG 2, 1886, S. 417—615.

DERS., Acten zum Prozesse Meister Eckeharts, in: ALKG 2, 1886, S. 627—630.

DERS., Die Heimat Meister Eckeharts, in: ALKG 5, 1889, S. 340—64 (enthält die Predigt auf den hl. Augustinus, S. 358 ff.).

B. GEYER, Magistri Echardi Quaestiones et Sermo Parisienses, 1931.

M. GRABMANN, Neuaufgefundene Pariser Quaestionen Meister Eckharts und ihre Stellung in seinem geistigen Entwicklungsgange. Untersuchungen und Texte, 1927.

TH. KAEPPELI, Praedicator Monoculus. Sermons Parisiens de la fin du XIIIe siècle, in: AFP 27, 1957, S. 120—167.

R. KLIBANSKY, Super oratione dominica, 1935.

E. LONGPRÉ, Questions inedites de maître Eckart O. P., et de Gonzalve de Balboa O. F. M. in: Revue Néoscolastique 29, 1927, S. 69—85.

G. THÉRY, Le commentaire de maître Eckart sur le livre de la sagesse, in: AHDL 3, 1928, S. 321—443; IV, 1929/30, S. 233—394.

Das deutsche Werk

Weit umfangreicher als das lateinische Werk Meister Eckharts ist das uns überlieferte deutsche. Es setzt sich aus zwei Gruppen zusammen: den in deutscher Sprache verfaßten Traktaten, und den deutschen Predigten, die Meister Eckhart mit Ausnahme der Predigt »Vom edlen Menschen« (VeM) nicht selbst niedergeschrieben hat, sondern die von seinen Zuhörern oder Zuhörerinnen aus dem Gedächtnis aufgezeichnet wurden.

Literatur:

Gesamtausgabe: »Meister Eckhart. Die deutschen und lateinischen Werke«, Stuttgart—Berlin, 1936 ff. Abteilung I: Die deutschen Werke. Herausgegeben und übersetzt von Jos. QUINT. Bisher erschienen:

Bd. 1 (Predigten), 1958; Bd. 2 (Predigten), 1971; Bd. 5 (Traktate), 1963. Bd. 4 (Predigten) in Vorbereitung.

Auf die deutschen Werke bezogen haben sich die bislang erschienenen Bde. der Abteilung III: Untersuchungen: Bd. 1, J. QUINT: Neue Handschriftenfunde zur Überlieferung der deutschen Werke M. E's und seiner Schule. Ein Reisebericht, 1940. Bd. 2, J. QUINT: Fundberichte zur handschriftlichen Überlieferung der deutschen Werke M. E's und anderer Mystikertexte, 1969.

Die »Reden der Unterscheidung« (RdU)

Man hat Meister Eckhart verschiedentlich Schriften zueignen wollen, deren Authentizität bisher nur in wenigen Fällen erwiesen werden konnte. Sein erstes erhaltenes deutsches Werk sind die »Reden der Unterscheidung« aus dem Jahre 1289, die er als ungefähr Vierzigjähriger verfaßte. Die »RdU«, die als Tischlesungen für die Angehörigen des Erfurter Dominikanerkonvents gedacht waren, bestehen aus 23 zwanglos aneinandergefügten »Kollazien«, die nicht die feste Gliederung und thematische Geschlossenheit eines Traktats haben, unter dem man generell die schriftliche Auslegung eines einzelnen Gedankens von verschiedenen Seiten her versteht (vgl. QUINT, DW, V, S. VII f.). Schwierige theologisch-philosophische Spekulation findet sich in den »RdU« noch nicht. Die Unterweisungen, bei denen der Lehrer sich gelegentlich von seinen Zuhörern mit Fragen oder Einwendungen unterbrechen und sich Anregungen geben läßt, bieten im wesentlichen nur überliefertes, mit praktischer Lebensweisheit durchsetztes Gedankengut. Trotzdem verraten die »RdU« aber schon die zwingende Gewalt der Eckhartischen Sprache und man spürt, daß in ihnen »ein kühner Geist seine Schwingen regt« (Quint).

Literatur:
Zur handschriftlichen Überlieferung: QUINT, DW V, S. 137—165; E. DIEDERICHS: Meister Eckharts Reden der Unterscheidung, 1913 (2. Aufl. 1925), S. 3—17; SPAMER, S. 395—397, 420; STAMMLER, S. 183—202.
Textausgaben: QUINT, DW V, S. 185—309; DIEDERICHS: M.E's »RdU«, s. o.; STAMMLER: Gottsuchende Seelen, 1948, S. 35—75 (Abdruck des Diederichschen Textes); BIZET: Mystiques allemands du XIVe siècle. Eckhart — Suso — Tauler. 1957, S. 122—171 (Diederichs Text).
Übersetzungen: QUINT, DW V, S. 505—538; C. BECK: M. E., »RdU«, 1922; J. BERNHART: M. E's »RdU« 1922; BÜTTNER: M. E., S. 3 ff. (Volksausgabe 1934, S. 171 ff.); QUINT, M. E., S. 53 ff.; DERS.: M. E. Reden der Unterweisung. Ins Nhd. übersetzt, 1963; SCHULZE-MAIZIER, S. 55 ff.; CLARK-SKINNER, S. 63 ff.

»Von Abgeschiedenheit« (VA)

In unmittelbarem Zusammenhang mit den »RdU« als eine Art »Lehre« für die Ordensbrüder Meister Eckharts dürfte der kurze Traktat »Von Abgeschiedenheit« entstanden sein, obschon der Verfasser darin eine geistige Durchdringung zeigt, die leicht auf ein späteres Entstehungsdatum schließen lassen könnte. »VA« stellt einen Versuch dar, die Abgeschiedenheit, die die Voraussetzung zur Gottesgeburt in der Seele ist, auf eine logisch zwingende, unzweideutige, kurze Art zu definieren. Die Echtheit dieses Traktates wurde lange Zeit bestritten. Zwar nahm bereits PFEIFFER den Traktat in seine Ausgabe auf, doch stieß sein Urteil auf Ablehnung unter den Eckhartforschern. PAHNCKE anerkannte zwar die Abgeschiedenheit als »ethische Forderung« des Mystikers, sah aber keine »innere Nötigung«, den Traktat Meister Eckhart zuzuschreiben. Die negative Reaktion SPAMERS fußte darauf, daß er in dem Traktat ein »Mosaik« vermutete, eine Zusammensetzung von Übertragungen aus lateinischen Kirchenvätervorlagen. Die mit der Echtheitsfrage des Traktates »VA« verbundene Problematik führte dazu, daß ein vorsichtiger Forscher wie J. QUINT ihn lange nicht in seine Textausgaben und Übersetzungen einbezog, obwohl er in ihm wohl schon immer ein echtes Produkt Meister Eckharts vermutet haben mag. Der Quint-Schüler E. SCHÄFER setzte sich 1956 entschieden für die Echtheit des Traktates ein, doch konnte auch er die bislang existierenden Zweifel nicht völlig zerstreuen, wie die Rezensionen seiner Arbeit beweisen. Das letzte Wort scheint nun aber doch QUINT gesprochen zu haben, indem er den Traktat in seine große Ausgabe der deutschen Werke einbezog (V, S. 377 ff.). Gegenüber den Einwänden der Rezensenten E. SCHÄFERS, die Widersprüche im gedanklichen Gehalt und in der Formulierung des Traktats und damit zusammenhängend eine mangelnde Einheitlichkeit und lückenhafte Thematik sehen, meint QUINT, daß »VA« nicht nur keine gedanklichen Widersprüche aufweise, sondern »vielmehr in seiner Geschlossenheit und hohen Gedanklichkeit durchaus den Stempel Eckhartischen Geistes und Eckhartischer Diktion« trage (QUINT, DW V, S. 395; vgl. auch QUINT: »Das Echtheitsproblem des Traktats ›Von Abgeschiedenheit‹«, in: ›La Mystique rhénane. Colloque de Strasbourg‹, 1963, S. 39—57).

Literatur:

Handschriftliche Überlieferung: QUINT,DW V, S. 377 f.; SPAMER, S. 381—383; F. v. d. LEYEN, in: ZfdPh 38, 1906, S. 177 f.; E. SCHAEFER: M. E's Traktat »Von Abgeschiedenheit«, 1956, S. 34—55.
Textausgaben: QUINT, DW V, S. 400—437; E. SCHAEFER: s. o.
Übersetzungen: QUINT, DW V, S. 539—547; BÜTTNER, M. E., I, S. 9 ff.; I. ROLOFF: M. E's Schriften zur Gesellschaftsphilosophie, 1934, S. 67 ff.; BLAKNEY, S. 5 ff.; P. PETIT: Oeuvres de Maître Eckhart, 1942, S. 19 ff.; CLARK-SKINNER, S. 160 ff.

Das »Buch der göttlichen Tröstung« (BdgT) und die Predigt »Vom edlen Menschen« (VeM)

Zu Beginn von Meister Eckharts Straßburger Aufenthalt, also 1313 oder 1314, und in engem Zusammenhang mit der ihm anvertrauten seelsorgerischen Betreuung der süddeutschen Frauenklöster, dürfte das nächste, vielleicht schönste Werk des Mystikers entstanden sein, das »Buch von der göttlichen Tröstung« (lat. Liber »Benedictus«) mit der Predigt »Vom edlen Menschen«.

Dieses Buch ist der Königin Agnes von Ungarn (1280—1364) gewidmet, vermutlich um ihr über das Leid hinwegzuhelfen, das ihr entweder durch die Ermordnung ihres Vaters König Albrecht I. von Österreich durch seinen Neffen Johann im Jahre 1308 oder durch den Tod ihrer Mutter 1313 widerfahren war. Das »BdgT« wurde der Königin wahrscheinlich anläßlich eines Besuches bei ihrer Stieftochter Elisabeth überreicht, die sich im Schweizer Kloster Thöß unter der seelsorgerischen Obhut Meister Eckharts befand.

Die geistliche Verwaltungstätigkeit während der Jahre 1303 bis 1311 muß Eckhart stark in Anspruch genommen haben, so daß es unwahrscheinlich ist, daß er in diesem Zeitraum literarisch sehr aktiv war. Aus diesem Grund muß man die Skepsis teilen, die QUINT und KOCH der Vermutung THÉRYS entgegenbringen, daß Eckhart das »BdgT« und die Predigt »VeM« in diesen Jahren verfaßte. Das Entstehungsdatum wird wohl außerhalb dieses Zeitraumes liegen. Das »BdgT« gehört in die Tradition der »Trostbücher«, die nach dem Vorbild von Boethius' »De consolatione philosophiae« (6. Jh.) geschaffen wurden. Das Werk ist für das Verständnis der geistigen Entwicklung Meister Eckharts von großer Wichtigkeit, denn vieles an seinem Gehalt ist spekulativ-mystisches Gedankengut, was darauf schließen läßt, daß dieser bereits zur Zeit der Abfassung zum Zentrum seiner Lehre vorgedrungen war. Deutlich ist der Gedanke ausgedrückt, daß unsere Gnadengerechtigkeit nichts ist ohne die ewige Gerechtigkeit Christi, daß wir gerechtfertigt am göttlichen Leben teilhaft sind und daß Gott selbst in uns, in unserem Wesensgrund, geboren wird. Der augustinische Teilhabegedanke, der durch die ganze neuplatonische Tradition fortwirkte und in Scotus Eriugena, in Albertus Magnus und dessen Schülern Hugo Riplin und Ulricus Engelberti würdige Verfechter fand, bei Thomas v. Aquino aber in den Hintergrund trat, bricht im »BdgT« mit voller Kraft hervor und wirkt sich bestimmend aus auf die mystische Theologie Meister Eckharts.

Literatur zum »BdgT«:

Hss. Überlieferung: QUINT, DW V, S. 1—3; DERS.: Meister Eckhart. Das Buch der göttlichen Tröstung und Vom edlen Menschen. Ins Neuhochdeutsche übertragen, 1961, S. XIII; SPAMER, S. 320; HAMMERICH: Das Trostbuch Meister Eckeharts, in: ZfdTh 56, 1931, S. 70 ff.
Textausgaben: QUINT, DW V, S. 8—61; DERS.: Meister Eckhart. »BdgT« und »VeM« (Liber ›Benedictus‹), 1952; P. STRAUCH: Meister Eckharts Buch der göttlichen Tröstung und Vom edlen Menschen, 1910 (Neuaufl. 1933).
Übersetzungen: QUINT, DW V, S. 471—497; QUINT, M. E., S. 101 bis 139; BÜTTNER, M. E., II, S. 58 ff. (Volksausgabe 1934, S. 268 ff.); LEHMANN, S. 97 ff.; SCHULZE-MAIZIER, S. 114 ff.

Literatur zu »VeM«:

Hss. Überlieferung: QUINT, DW V, S. 106; DERS.: »BdgT«, S. XIII; SPAMER, in: PBB 34, 1909, S. 395 f.; HAMMERICH, S., in: ZfdPh 56, 1931, S. 81 ff.
Textausgaben: QUINT, DW V, S. 109—119; DERS.: M. E's »BdgT« und »VeM«, 1961; P. STRAUCH: M. E's »BdU« und »VeM« (Liber ›Benedictus‹), 1910 u. 1933.
Übersetzungen: QUINT, DW V, S. 498—504; DERS.: M. E., 1955, S. 140—149; DERS.: M. E. Das »BdgT« und »VeM«. Ins Nhd. übertragen, 1961; BÜTTNER, M. E. II, S. 106 ff.; SCHULZE-MAIZIER, S. 164 ff.; BLAKNEY, S. 74 ff.

Die deutschen Predigten. Neben den Traktaten Meister Eckharts steht ein gewaltiges Corpus deutscher Predigten, deren Authentizität oft nur unter großen Schwierigkeiten festgestellt werden konnte. Unter »Predigt« versteht man im Unterschied zum »Traktat« eine Abhandlung, die zum mündlichen Vortrag konzipiert wurde, wobei aber in Wirklichkeit oft kein scharfer Trennungsstrich gezogen wurde.

QUINT führt in seiner kritischen Ausgabe (DW I) 16 Predigten an, die durch die Rechtfertigungsschrift als echt bezeugt sind; weitere 8 kommen durch Übereinstimmung mit den Predigten des »Opus sermonum« (LW IV) dazu. Neben diesen Predigten füllte QUINT noch einen gewaltigen Band (DW II) mit 35 anderen, deren Echtheitsbeweis auf Rückverweisen und Textparallelen zu den 24 authentischen Predigten beruht. Man kann also, wenn man dem Urteil des besten Eckhartkenners der Gegenwart Glauben schenken darf, Meister Eckhart wenigstens 59 deutsche Predigten zuschreiben (mit »VeM« wären es 60, doch wird diese Predigt meistens mit dem »BdgT« als ein Werk gerechnet). Daneben gibt es aber noch mindestens 90 andere Predigten, die zwar »Eckhart-verdächtig« sind, aber nur wenige feste Schlüsse auf seine Urheberschaft zulassen (QUINT beabsichtigt, die unter diesen am echtesten erscheinenden Predigten im 4. Band der DW herauszugeben). Die meisten seiner Predigten wird Meister Eckhart im letzten Drittel seines Lebens abgefaßt haben, also nach Erlangung der Magisterwürde. Man hat früher angenommen, daß diese Predigten in den Kreisen der Beginen und Begarden (den Angehörigen halbklösterlicher Vereinigungen) vorgetragen wurden, doch hat sich diese Ansicht als irrig erwiesen, da die Dominikaner schon zu Lebzeiten Meister Eckharts zum Ankläger- und Inquisitorenorden dieser im 13. u. 14. Jh. verfolgten Glaubensgemeinschaften ernannt worden waren. Zum größten Teil werden die Predigten in Frauenklöstern und in Kirchen vor dem Volk gehalten worden sein. Einen geringeren Teil mag Meister Eckhart auch vor einem akademischen Publikum vorgetragen haben, dann allerdings in lateinischer Fassung.

Thematisch basieren fast alle Predigten auf der Liturgie und lassen sich relativ leicht auf einen gewissen Tag festlegen, nicht aber auf das Jahr, in dem sie gehalten wurden. Gedanklich stehen sie im Einklang mit den anderen Schriften des Meisters. Es durchzieht sie die zentrale Idee der Eckhartischen Lehre: die Geburt Gottes in der Seele.

Literatur:

Zur handschriftlichen Überlieferung: Am umfassendsten hat bisher J. QUINT die handschr. Überl. der deutschen Predigten M. E's behandelt. Vgl. dazu die Vorbemerkungen und Anmerkungen zu den einzelnen Predigten in DW I und II sowie die Untersuchungen und Verzeichnisse in QUINT: Neue Handschriftenfunde zur Überlieferung der deutschen Werke Meister Eckharts, 1940 (MEW III, Bd. 1); DERS.: Fundberichte zur handschriftlichen Überlieferung der dt. Werke Meister Eckharts und anderer Mystikertexte, 1969 (MEW III, Bd. 2). Verzeichnisse der Hss. auch im Apparat von: QUINT, M. E. Wichtig ist nach wie vor A. SPAMERS Bericht: Zur Überlieferung der Pfeifferschen Eckharttexte, in: PBB 34, 1909, S. 307 ff.
Textausgaben: QUINT, DW I und II; DERS.: Deutsche Mystikertexte des Mittelalters, 1929; DERS.: Textbuch zur Mystik des deutschen Mittelalters, 1952; M. PAHNCKE: M. E's Predigt über Luc. 10,28: Intravit Jesus in quoddam castellum. Textkrit. unters. und herausgeg., in: Akad. d. Wiss. in Göttingen, 1959, S. 170—206 (dazu QUINT, in: ZfdPh. 80, 1961, S. 272 ff.); P. PFEIFFER: Deutsche Mystiker des 14. Jahrhunderts. M. E., 1857; E. SIEVERS: Predigten von M. E., in: ZfdA 15, 1872, S. 373—439; F. SKUTELLA: Eine Eckhartpredigt, in: ZfdA 66, 1929, S. 147 ff.; DERS.: Beiträge zum Eckharttext, in: ZfdA 67, 1930, S. 97—102; A. SPAMER: Texte aus der deutschen Mystik des 14. u. 15. Jhs., 1912; P. STRAUCH: Paradisus anime intelligentis

(Paradis der fornunftigen sele). D. Texte des MAs 30, 1919; F. JOSTES: M. E. und seine Jünger, 1895; H. EMUNDTS: M. E's Predigt »Uff sant Dominicustag«. Diss. Bonn, 1922; W. WACKERNAGEL: Altdeutsche Predigten und Gebete, 1876.
Übersetzungen bieten: QUINT, DW I und II; DERS.: M. E.; B. BLAKNEY; BÜTTNER, M. E.; J. BERNHART: Deutsche Mystiker. Meister Eckehart, o. J.; CLARK; CLARK-SKINNER; DENIFLE: Das geistliche Leben. Eine Blumenlese aus deutschen Mystikern des 14. Jahrhunderts, 1879; C. de B. EVANS: M. E., 2 Bde, 1947 (Übers. der Pfeifferschen Ausgabe ins Englische); F. HEER: Meister Eckhart. Predigten und Schriften, 1956; G. LANDAUER: Meister Eckharts mystische Schriften, 1903; LEHMANN; P. PETIT: Oeuvres de Maître Eckhart. Sermons — Traîtes, 1942; SCHULZE-MAIZIER.

IV. Grundgedanken der Lehre Meister Eckharts

Die Themen Meister Eckharts stammen fast durchweg aus der Heiligen Schrift. Es gibt kein Buch in der Bibel, das er nicht zu einem Schriftzitat heranzieht. Mit besonderer Vorliebe zitiert er aus dem Johannesevangelium, den Psalmen, den Weisheitsbüchern und den paulinischen Briefen. Von den einzelnen Texten der biblischen Bücher scheint er, soweit wir es nach den erhaltenen Werken beurteilen können, den Schöpfungsbericht und den Prolog zum Johannesevangelium besonders geliebt zu haben.

Wir haben bereits in der Einführung auf die philosophischen und theologischen Vorbilder hingewiesen, an denen sich die spekulative Mystik schulte: von den Einzelwerken, die Meister Eckhart am meisten beinflußten, muß neben der Bibel wohl das zu neun Zehntel aus Augustinzitaten bestehende »Sentenzenbuch« des Peter Lombardus an erster Stelle genannt werden. Jeder angehende Theologe vom 13. bis 16. Jh. mußte diese Lehrsätze studieren und, wenn er Magister werden wollte, kommentieren. Daneben war die »Summe der Theologie« des Thomas v. Aquino von größter Wichtigkeit für den Ausbildungsweg Meister Eckharts. Je mehr sich dieser aber in die Richtung der mystischen Lehre bewegte, desto wichtiger müssen für ihn die Werke der Neuplatoniker geworden sein: die Bücher des hl. Augustin (allen voran »De confessione«, »De libero arbitrio«, »De vera religione« und »De trinitate«), das anonyme »Liber de causis«, die »Elemente der Theologie« des Proklos (410 bis 185 n. Chr.) und die »Mystische Theologie« des Dionysius Areopagita. Besonderen Einfluß scheint auf ihn der »Führer der Unschlüssigen« des Moses Maimonides ausgeübt zu haben, auf dessen Methode der allegorischen Exegese, die unter der Textoberfläche verborgene Wahrheit aufzudecken, Meister Eckhart oft und gerne bei der Erörterung eines Textes zurückgreift.

An Hand dieser Quellen — und es handelt sich dabei nur um die wichtigsten — läßt sich nachweisen, daß Meister Eckhart tief im Platonismus und Aristotelismus mittelalterlicher Prägung wurzelt. Dabei gilt grundsätzlich, daß der Dominikanermönch die Aristotelischen (Thomistischen) Formeln zum Aufbau seines Spekulativsystems verwendete, seine Grundhaltung, d. h. der Geist, der durch sein Werk pulsiert, aber neuplatonisch ist. Indessen können die Quellen und Vorbilder allein Meister Eckharts philosophische und theologische Entwicklung nicht erklären; das Originale seines Werks beruht auf der persönlichen

Kraft des Denkens. Eine eindeutige Darstellung der Grundgedanken Meister Eckharts läßt sich — wie schon die grundverschiedene Auslegung in der bisherigen Forschung zeigt — kaum verwirklichen, da der Gegenstand seiner Spekulation konkrete, faßbare Definitionen geradezu ausschließt, was dann auch wiederum dem Leser ein Maß an Intuition zum Verständnis abfordert. In diese Sachlage miteinbezogen, kann auch der Verfasser eines Realienbandes nur eine bedingt richtige Darstellung vermitteln.

Meister Eckharts Werke sind für den Gläubigen gedacht, für den intensiver an religiösen Fragen Interessierten, der über das ontologische Wissen um Gottes Existenz hinaus zu einer tieferen Kenntnis des Wesens Gottes gelangen möchte. Es ist kennzeichnend für das gesamte Werk, daß es durchdrungen ist von einer Kühnheit des Gedankens und der Aussage, einer spekulativen Höhe, die keinerlei Zweifel zuläßt, daß Meister Eckhart seinen Zuhörern und Lesern Ungewöhnliches zutraute. Vielleicht war dies sein Verhängnis, daß er in seinem apostolischen Eifer keinen Unterschied machte zwischen gelehrtem und einfachem Publikum. Fast läßt sich ihm eine »gottinspirierte« Arroganz vorwerfen, wie etwa im Schlußwort der Predigt über Matth. 10,28, wo es heißt: »Wer diese Predigt verstanden hat, dem vergönne ich sie wohl. Wäre hier niemand gewesen, ich hätte sie diesem Opferstock predigen müssen« (Quint, »Meister Eckhart«, S. 273). Betrachtet man zudem die paradoxen Redewendungen, in die sich Meister Eckhart des öfteren versteigt, weil er in seiner großen Begeisterung seinen Zuhörern das Unaussprechliche des mystischen Erlebnisses auf anschauliche Weise darzulegen versucht, so kann es kaum mehr verwundern, daß der seiner Veranlagung nach grundkatholische Denker von seinen Vorgesetzten zensuriert wurde. Es ist kein Leichtes, aus dem überlieferten Werk des Meisters sein ›System‹, seine ›Lehre‹ zu ziehen. Wir können hier auch nicht auf jede Komponente der Eckhartischen Kosmologie, Metaphysik und Psychologie eingehen — dazu sei auf die Spezialwerke in den Literaturübersichten verwiesen — sondern nur auf jene Grundgedanken, die für die mystische ›Lehre‹ von fundamentaler Wichtigkeit sind.

Meister Eckharts Ideenwelt dreht sich im Grunde genommen um zwei Pole: Gott und Mensch, oder genauer: Gott und Seele. Zu zeigen, wie sich Gott und Seele in der unio mystica berühren, ist das Hauptanliegen seiner Schriften.

Zum Wesen Gottes. In seinem Verlangen, Gott losgelöst jeglicher an Geschaffenes erinnernder Begriffe zu deuten, ist Meister Eckhart versucht, ihn als reines Erkennen, als Intellekt darzustellen (deus est intellegere), deutet ihn aber schließlich im Sinne des Thomismus als absolutes Sein, als »actus purus«, als reine Aktualität fern aller bloßen Potentialität und Anlage (deus est esse). Darüber hinaus gibt er Hinweise, daß er sich in der unio mystica über den dreieinigen Gott hinauszubewegen scheint in »die Wüste«, den „Grund, Boden, und Quell« Gottes, in die »Gottheit«. Auf den Begriff »Gott« beziehen sich alle Gedanken Meister Eckharts über die göttlichen Personen; unter »Gottheit« scheint er das letzte überhöhte »Sein« Gottes zu verstehen. »Gottheit« und »Gott« sind wesenseins (denn »esse« und »essentia« fallen in Gott zusammen), aber doch auch auf eine Art verschieden, die der menschliche Intellekt nicht erfassen kann. Es scheint, als sähe Meister Eckhart die »Gottheit« nicht als aus- und ineinanderfließend an wie die Trinität, sondern als einen nicht-zeugenden Wesenskern Gottes, der sich nicht mitteilt und auf nichts anderes bezogen ist als auf sein innerstes ureigenes Sein. Diesen innersten Kern Gottes faßt Meister Eckhart als den »Ort« der Ideen auf, die mit der Wesenheit Gottes identisch sind. Die Ideen der Dinge sind ungeschaffen wie Gott selbst und wie das Wort, das den Grund aller Dinge darstellt. Der Begriff »Gott« scheint bei Eckhart durch die Lehre von der Pichorese bestimmt zu sein, derzufolge die drei göttlichen Personen einander durchdringen und ineinander sind auf Grund ihrer Wesensgleichheit (Tautousia) und der innergöttlichen Vorgänge und Relationen. Den Unterschied zwischen den göttlichen Personen sieht Meister Eckhart als real an, als ein Nebeneinander von Seinheit (der Vater), Wahrheit (der Sohn) und Gutheit (der Geist), betont aber, daß auch dieser Unterschied vom menschlichen Intellekt nicht erfaßt werden kann. Vom menschlichen Verstand erfaßbar ist jedoch die Vorstellung, daß Gott, der die vorbildliche Ursache alles Geschaffenen ist, alle Dinge ihrem idealen Sein nach enthält, daß jeglicher Bestandteil der Welt im Worte Gottes präexistent ist ohne irgendwelche Art von Zusammensetzung. Der Sohn ist als göttliche Weisheit der Inbegriff der ganzen göttlichen Ideenwelt. Indem der Vater den Sohn aus sich zeugt, gebiert er auch seine ganze Ideenwelt aus sich heraus und, durch das Ineinanderfließen des Vaters und des Sohnes, in sich hinein. Da die Ideenwelt ungeschaffen und wesensgleich mit Gott ist, ist auch der Mensch als Idee ungeschaffen und verweilt als solche schon ewig in Gott. Diese Schlußfolgerung stellt einen wichtigen Übergangspunkt dar von der traditionellen scholastischen Theologie zu Meister Eckharts individueller mystischer Lehre.

Zum Seelenbegriff. Meister Eckhart teilt die traditionelle christliche Anschauung, nach der der Mensch aus Körper und Seele besteht. Er betont aber mit Nachdruck, daß die Seele nicht an den Körper gebunden ist. Die Seele sei nur insofern im Körper, als sie diesem Leben verleihe und ohne Seele jeder Körper nur ein toter Gegenstand sei. Wenn er nicht auf der Immanenz der Seele beruht, ist der Begriff des »Körpers« freilich illusorisch, da keine Substanz ohne Seele zu einem Körper heranwachsen kann, sondern in ihrer Potentialität verharren muß. Gefangen ist die Seele laut Eckhart nur dann im Körper, wenn es ihr nicht gelingt, sich von den sinnlichen Eindrücken loszulösen, die sie durch den Körper aufnimmt. Ist die Seele mit dem Körper verbunden, wie beim Menschen, so befindet sie sich in keinem bestimmten Körperteil, sondern überall, im Auge ebenso wie in der kleinen Zehe. Vom Körper losgelöst, existiert sie ohne Möglichkeit zur Verwirklichung echter, in ihr veranlagter Handlungen.

Eckhart ist der Auffassung, daß die Seele zwei »Augen« habe: das äußere, auf die Welt gerichtete nehme die sinnlichen Dinge wahr; das innere hingegen sei auf Gott und das ewige Sein gerichtet (vgl. Quint, DW V, S. 28, 15—29, 4). Deshalb unterscheidet er zwischen »sele« und »geist«, wobei sich »sele« auf das im Körper wirkende Belebungsprinzip und »geist« auf die von Zeit und Raum unabhängige Idee desselben bezieht. Die Seele weist drei niedere und drei höhere Ausdrucksformen auf. Diese gehören nicht zum grundsätzlichen Wesen der Seele, denn als »Ding an sich« ist die Seele einfach; sie sind vielmehr die äußeren Manifestationen ihrer Verbindung mit dem Körper. Die drei niederen sind Wissen (als eine niedere Form des Intellekts), Temperament (Zorn) und Verlangen, Begehren. Die höheren sind (ganz im Sinne des hl. Augustin) Gedächtnis, Wille und Intellekt. Wie die Dominikaner generell, so hält auch Meister Eckhart den Intellekt für die höchste der seelischen Ausdrucksarten, wogegen die Franziskaner (z. B. Gonsalvus, mit dem Meister Eckhart während seines ersten Pariser Magisteriums eine Disputation führte) die Ansicht vertraten, daß der Wille, dem die Liebe entspringt, an erster Stelle stehen müsse. Möglicherweise wollte Meister Eckhart mit seiner Lehre vom Seelengrund diesen Gegensatz überbrücken, doch drückt er dies nirgends klar und eindeutig aus.

Da der Körper ohne Seele leblos ist, kann man das Leben als eine Kraft oder Funktion der Seele ansehen. Der Selbsterhaltungstrieb des Menschen ist darauf zurückzuführen, daß die Seele ohne jegliches Medium direkt aus Gott herausfließt und das Leben ein Geschenk Gottes ist. Daraus läßt sich auch erklären, warum viele Menschen, deren Leben in bitteren äußeren Umständen verläuft, trotzdem weiterleben wollen.

Wenn die Seele vom Körper getrennt ist, verliert sie alle Ausdrucksmodalitäten außer Intellekt und Willen; diese bleiben ihr ewig erhalten. Meister Eckhart unterscheidet zwischen den Ausdrucksformen der Seele und deren Ursprung. Alle Handlungen und Funktionen des Menschen werden möglich mit Hilfe dieser Ausdrucksformen auf Grund deren Ursprung (so denkt die Seele z. B. auf Grund des Intellekts, erinnert sich auf Grund des Gedächtnisses und liebt auf Grund des Willens). Die Modalitäten der Seele sind notwendig, um mit der geschöpflichen Welt kommunizieren zu können. Im Kern der Seele, im innersten Sein, hört alle Aktivität auf. Der »Seelengrund« ist keiner Kreatur zugänglich, nur Gott allein.

Meister Eckhart unterscheidet auch drei Arten des kognitiven Wissens: das sinnesmäßige Aufnehmen beschränkt sich auf die Dinge der materiellen Welt. Diese Dinge haben sowohl einen physischen als auch einen intelligiblen Bestandteil und es ist die Funktion des Intellekts, auf dem Wege der Abstraktion die beiden zu trennen, so daß nur das Allgemeine, die Idee des Sinnesobjektes übrigbleibt. Die reine Idee ohne jegliche Rückstände an Materie kann der Intellekt letzten Endes aber nur mit Hilfe der göttlichen Gnade erfassen, d. h. indem Gott die Seele mit seinem Wissen »erleuchtet«, wie dies in der unio mystica der Fall ist. Dies ist ein weiterer wichtiger Punkt, von dem Meister Eckhart zum Kern seiner mystischen Lehre findet.

Die Gottesgeburt in der Seele. Auf einen einfachen Nenner gebracht, sieht Meister Eckharts mystische Lehre folgendermaßen aus: Gott schuf die Welt aus sich heraus. Er weilt in der Seele des Menschen, der sich jedoch nur dunkel bewußt ist, daß er göttliches Sein in sich hat. Indem der Mensch sich von allen weltlichen Gedanken und Bestrebungen lossagt, kann er seine Seele so vorbereiten, daß in ihr eine Einigung mit Gott stattfindet. Diese Einigung ist das Ziel alles weltlichen Seins, denn in Verbindung mit dem göttlichen Willen wird der Mensch wieder zum wahren Sohn Gottes, wie Christus es durch seine göttliche Natur schon prinzipiell ist.

Bevor Gott die Welt erschuf, existierte der Mensch in ihm als

Idee; durch den Schöpfungsakt ging er aus ihm heraus, kann aber in der mystischen Einigung zu ihm zurückkehren. Die unio muß also schlechthin das Ziel jeglichen menschlichen Strebens sein, denn durch die Schöpfung wurde der Mensch »Gott-entbunden«: er kann erst wieder völlige Glücklichkeit finden, wenn er in seinen Urquell zurückgekehrt ist.

Der Weg zur Einigung mit Gott ist identisch mit dem Pfad der inneren Tugend. Der Schlüssel dazu liegt in der »Abgeschiedenheit«. Wenn die Seele genügend gereinigt ist, findet die Geburt Gottes in ihr statt. Dies ist das Lieblingsthema der Eckhartischen Predigten und der wichtigste Punkt seiner mystischen Lehre. Die Gottesgeburt in der Seele kommt zustande durch Zusammenwirken der reinen Seele (der ›edlen‹ Seele) mit Gott, der durch das Prinzip der Gnade in sie eintritt. Meister Eckhart stellt die Gottesgeburt bildhaft in einer Spiegelanalogie dar: Die Sonne kann durch den reflektierten Schein eines Spiegels wahrgenommen werden. Genauso scheint das göttliche Licht in die Seele und die Seele spiegelt es wieder zurück zu Gott. Ein wirkliches Verschmelzen findet nicht statt, deshalb kann man Eckhart auch nicht den Vorwurf des Pantheismus machen. Gott ist in der Seele, aber nur insofern, als er sich in sie hineinspiegelt. Diese Idee drückt er wiederholt auf sehr anschauliche Weise aus, wie z. B. im folgenden: Die Einigung von Gott und Seele kann mit dem Wirken von Feuer und Holz verglichen werden. Das Feuer muß das Holz erst artverwandt mit sich selbst machen, was durch das Anzünden geschieht. Alle Unähnlichkeit verschwindet, wo Holz in Feuer übergeht. So wie das Holz, müssen wir auch alle Unähnlichkeit mit Gott verlieren, ehe wir in seine Gegenwart gehoben werden können. Wie aber das Feuer daran interessiert ist, das Holz sich selbst ähnlich zu machen, so ist auch Gott daran interessiert, dem Menschen in seinem Bemühen, sich ihm zu nähern, behilflich zu sein. Mit anderen Worten: dort, wo die Seele Weltliches abscheidet, erfüllt Gott den freigewordenen Raum mit seinem Licht, ohne aber jemals selbst Seele zu werden.

Wo findet nun die Geburt Gottes statt? Die einfachste Antwort würde lauten: in der Seele. Meister Eckhart unterscheidet aber genauer, denn die Seele ist etwas Kompliziertes, Vielschichtiges. Die Gottesgeburt vollzieht sich im innersten Teil der Seele, in der ihr ganzes Sein einigenden Mitte, die Meister Eckhart am liebsten als den »Seelengrund« bezeichnet. Diesen Seelengrund umschreibt er mit rund 30 Hilfsausdrücken. Er nennt ihn „scintilla«, »Funke«, »Fünklein«, »Bewacher der Seele«,

»Licht in der Seele« und vieles mehr. Auch als »synteresis« mit der Bedeutung von Gewissen bezeichnet er ihn. Genau beschreiben kann er das Fünklein nicht, denn wie die »Wüste der ewigen Gottheit« entzieht es sich dem menschlichen Begriffsvermögen. Er geht aber so weit, es als ewig und unauslöschlich zu kennzeichnen und seinen modus operandi in einem Widerstand gegen alles Unreine und Böse zu sehen, sowie in einem Ansporn zu allem Guten. Er meint, daß der Seelenfunke weder an Zeit noch an Raum gebunden, sondern völlig geistig und so hoch über allem Materiellen schwebend sei wie der Himmel über der Erde. So wie die Seele geschaffen sei, so sei auch der Seelenfunke geschaffen. Dort, wo Meister Eckhart das Seelenfünklein nicht als eine Funktion der Seele betrachtet, als ein Wirken der Seele am höchsten Gipfel ihres intellektuellen Potentials, kommt er in Schwierigkeit mit den traditionellen Sätzen der christlichen Religion, da ein ungeschaffener Teil der Seele der orthodoxen Schöpfungslehre widerspricht.

Meister Eckharts Ethik. Meister Eckharts geschichtliche Bedeutung liegt nicht so sehr in seinen Erkenntnissen als »Lesemeister«, als in der von ihm als »Lebemeister« geschaffenen Mystik und der ihr zugrundeliegenden Ethik. Mit gewisser Berechtigung behauptet J. Bernhart: »Er hat der Welt keine neue Idee geschenkt, aber einer Idee die Welt erobern wollen« (»Die philos. Mystik des Mittelalters«, 1922, S. 198). Eckhart war ein Meister des gesprochenen Wortes. Seine deutschen Predigten und lateinischen Sermones gehören zum Größten, was die geistliche Literatur des Mittelalters hervorgebracht hat. In ihnen allen geht es ihm letzten Endes darum, seinen Zuhörern die Großartigkeit der Geburt Gottes in der Seele zu verkünden. »Wer nicht erfaßt hat«, so J. Quint, »daß die Geburt des Sohnes durch den göttlichen Vater im Seelenfunken den einzigen Anlaß, den Inhalt und das Ziel der Predigt Eckeharts ausmacht und seinen Ausführungen, fast möchte ich sagen, eine großartige Eintönigkeit gibt, der hat Eckhart verkannt.« (QUINT, »Meister Eckhart«, S. 22). Eckhart selbst verkündet das Eigentliche seiner Ethik in einer ihm mit großer Sicherheit zuzuschreibenden Predigt:

„Swenne ich predige, sô pflige ich ze sprechenne von abegescheidenheit und daz der mensche ledic werde sîn selbes und aller dinge. Ze dem andern mâle, daz man wider îngebildet werde in daz einvaltige guot, daz got ist. Ze dem dritten mâle, daz man gedenke der grôzen edelkeit, die got an die sêle hât geleget, daz der mensche dâ mite kome in ein wunder ze gote. Ze dem vierden mâle von götlîcher natûre lûterkeit — was klârheit an götlîcher natûre sî, daz ist unsprechelich" (QUINT, DW I, S. 528).

Geführt von diesen vier bildhaft dargestellten Grundsätzen vollzieht sich für den Menschen Eckhart der Weg zur Vollkommenheit. In unsere begrifflich-abstrakte Sprache übersetzt bedeuten sie folgendes: Gott hat die Seele mit großem Adel ausgestattet, indem er sie als ein Gleichnis seiner selbst schuf. Durch diesen Adel hat der Mensch die Möglichkeit, mit Gott in einen geheimnisvollen Verkehr zu treten, sofern er es versteht, sich in die Einfältigkeit des göttlichen Wesens hineinbilden zu lassen.

Worin aber besteht der eingeborene Adel der Seele, von dem Meister Eckhart spricht? Wir haben schon erwähnt, daß Eckhart die traditionelle christliche Anschauung teilt, nach der der Mensch aus Körper und Seele, d. h. aus einem äußeren und inneren Menschen besteht. Zum »äußeren« Menschen gehört alles, was nicht das Wesen der Seele ausmacht, war ihr »anhaftet«, was »mit dem Fleisch vermischt« ist (vgl. QUINT, DW V, S. 109). Dieser „äußere« Mensch neigt zur Sünde, zum Laster, zum Bösen. Er ist der knechtische, unfreie Mensch des Alten Testaments. Ihm steht der freie »innere« Mensch gegenüber, der, unterstützt von der Gnade Gottes, dem zuneigt, was gut und tugendhaft, göttlich und ewig ist. Sein Adel besteht darin, daß er das in die Seele eingeborene Gottesbild begreifen und von da aus auf die Gott-Ebenbildlichkeit des innersten Wesens der Seele schließen kann. Mehr: daß sich ihm mit dieser Erkenntnis auch ein unstillbarer Drang zum Erkennen Gottes, des Ewigen und Guten verbindet. Zum Adel des »inneren« Menschen gehört aber auch, daß dieser durch die göttliche Gnade, durch die der »Same göttlicher Natur« in ihn eingesenkt ist (vgl. QUINT, DW V, S. 110, 10), imstande ist, nicht nur seiner Anlage nach, sondern in einem viel höheren, übernatürlichen Sinn mit Gott eines zu werden. Hier fängt die große ethische Aufgabe des Menschen an, denn es gilt, den »Samen«, den Keim göttlichen Lebens, den der mit einer »edlen« Seele ausgestattete Mensch von Natur aus in sich trägt, zur völligen Entfaltung zu bringen.

Die Anlage zum Guten im Seelengrund kann zwar nie verlorengehen, doch kann sie so von Unkraut überwuchert werden, daß ihr jegliche Entfaltung unmöglich ist. Das »Unkraut«, das neben dem edlen Gottessamen gepflanz steht, ist die Verlokkung zur Untugend und Bosheit. Darüber, daß es sich bei der Entscheidung zum tugendhaften Leben — also zum Hinhören auf die Stimme des göttlichen Wesenskerns der Seele — um eine rein voluntaristisch-ethische handelt, läßt Meister Eckhart keinen Zweifel. Seine Anweisungen zur Erreichung des ethischen Ziels sind einfach. Wenn es dem Menschen gelingt, die Seele, den Tempel, in dem Gott willkommen geheißen werden soll, freizulegen, dann vollzieht sich die Geburt Gottes auf dieselbe Art, wie sich die Geburt des Sohnes im trinitarischen Prozeß vollzieht. Wie kann der Mensch aber den Tempel seiner Seele zu dem Einzug des Herrn freilegen? Die Antwort lautet: durch die fortschreitende Abscheidung der geschöpflichen Dinge, die bis zur völligen inneren Abgeschiedenheit führt. Dieser Begriff der Abgeschiedenheit stellt den Kernpunkt der Eckhartischen Askese dar. Die Seele muß alles Geschöpfliche abscheiden, muß sich von allen irdisch-materiellen Dingen trennen, um zur Einigung mit Gott zu gelangen: »Ze dem andern mâle solt dû reines herzen sîn, wan daz herze ist aleine reine, daz alle geschaffenheit vernihtet hat« (QUINT, DW, I, S. 33). Die Seele, die Gott zustrebt, muß jegliches Hoffen lassen, muß entblößt sein von Furcht, Freude und Jammer, denn sie kann nur so in Gott einfließen, wie sie aus ihm geflossen ist. Jeglicher Eigenwille stellt sich trennend zwischen das innerste Ich und den stillen Grund der Gottheit. Der Mensch muß sich bemühen, von allem Geschöpflichen, allen irdisch gebundenen Kräften der Seele »entbildet« zu werden, um zum »Überbildetwerden« durch den göttlichen Willen in der unio mystica zu gelangen. Wenn der Mensch völlig »entbildet« ist, d. h., wenn er selbst die Bilder alles Geschaffenen vergessen hat, wenn er leer wie ein aufnahmebereites Gefäß ist, dann ist er zur völligen inneren Abgeschiedenheit, zur »geistigen Armut« gelangt, auf die die »vüllede alles wesens« folgt. Geistig arm ist für Meister Eckhart der Mensch, der alles abgeschieden hat, was nur irgend an die Welt erinnert. Mehr noch, es ist derjenige Mensch, der nicht nur nichts hat, sondern auch absolut nichts will, dessen Willenslosigkeit so weit geht, daß er nicht einmal Gottes Willen will. Geistig arm ist nur der, der so ist wie er war, als er nicht war, d. h. als er nur so viel Willen und Wissen hatte, wie es dem göttlichen Wissen und Wollen eingefügt ist.

Solche Anschauungen könnten der Auffassung Vorschub leisten, daß Meister Eckhart einer passiven, quietistischen Haltung huldigte oder daß seine Lehre einen religiösen Individualismus und Subjektivismus erstrebte. Dagegen spricht aber nicht nur Eckharts praktische Lebenslehre, seine Askese, sondern auch die Tatsache, daß der Mystiker zeit seines Lebens nicht als ein einsamer religiöser Sonderling dastand, sondern weit und breit seiner aktiven Nächstenliebe wegen verehrt und geliebt wurde. Wir müssen es als eine der großen Leistungen Eckharts betrachten, daß er sich nicht damit zufrieden gab, dem Einzelnen den zur Gottesschau führenden Vollkommenheitsweg zu weisen, sondern daß er ihn als »neuen« Menschen ins aktive Leben zurückführen wollte. Wenn in seinem Werk ein großes Ziel dominiert, nämlich die Gottesgeburt in der Seele, so bedeutet dieses subjektive Erlebnis für ihn nicht das Ende des Weges; die Überzeugung von der Heiligkeit des Lebens, das ein Geschenk Gottes ist, lehrte es ihn anders und machte ihn zum Sozialethiker.

Die Seele, sagt Meister Eckhart, ruhe in ihrer Vereinigung mit Gott nicht so in ihm, daß ihr alles gleichgültig werde. Sondern sie werde neu geboren als eine ewig Gerechte, die ja zum aktiven Leben sage und voller Werde- und Tatenlust zurückfließe in das geschöpfliche Sein. Die Schau Gottes ist für Meister Eckhart der Ausgangspunkt des gerechten Menschen zu einer neuen und vollkommeneren Erkenntnis der Geschöpfe. Der Gerechte ist aber deshalb kein Übermensch, sondern wie alle Menschen an das sinnenhaft-leibliche Dasein gebunden. Freilich unterscheidet er sich: er ist innerlich „gelassen«. Festigkeit und innere Freiheit erfüllen ihn, so daß es ihm leichter möglich ist, seine vegetativen und animalischen Sinneskräfte von den höheren Kräften des Willens und der Vernunft lenken zu lassen. Aus dem Erlebnis der Gottesgeburt zieht der Gerechte eine Kraft, die sein ganzes Wesen durchströmt und in seinen innersten Seinsregionen zum äußeren Werk drängt, zu einem Werk, das deshalb gerecht ist, weil der Impuls dazu nicht aus der Eigenliebe kommt, sondern aus dem Gerecht-Sein des Gerechten. Alle jene Werke aber, die nicht aus dem innersten Kern des gottgerechten Menschen kommen, sondern nur irdisch-zweckgebunden sind, sind wertlos. Aus allen Werken des Gerechten leuchtet hinwieder das Göttliche, ganz gleich ob es sich dabei um die größten oder geringsten handelt, denn alles äußere Werk ist in dem Gerechten geadelt durch das gottförmige innere Werk.

Von dieser Warte aus betrachtet verliert auch die Sünde ihren rein negativen Aspekt. Für Meister Eckhart ist sie ein reines Nichts, ein finsterer Hintergrund, gegen den sich das wahre Sein, das Gute, leuchtend abhebt. Die Neigung des Menschen zur Sünde ist sogar eine unentbehrliche Notwendigkeit, eine Voraussetzung der menschlichen Existenz, denn nur durch den siegreichen Kampf gegen das Böse, durch die Überwindung der Versuchung, erfüllt der Mensch seine Seinsaufgabe. So will Meister Eckhart die Bitte des Vaterunser »und führe uns nicht in Versuchung« dahingehend aufgefaßt haben, daß sie nicht um die Abwendung der Versuchung flehe, sondern um Überwindung der Anfechtungen (vgl. LW V, S. 127, No. 17,3). Je größer die Verlockung zur Sünde, desto wohlgefälliger ist der Mensch in den Augen Gottes, wenn er ihr widerstehen kann. Den liebe Gott am meisten, meint Meister Eckhart, den er auf harte Proben stellt und der Sünde anheimfallen läßt, der aber wegen seiner Sünde echte Reue verspürt.

Literatur

Zur mystischen Lehre Meister Eckharts: W. Bange: M. E's Lehre vom göttlichen und geschöpflichen Sein, 1937; E. Benz: Mystik als Seinserfüllung bei M. E., in: Sinn und Sein. Ein philos. Symposium, 1960, S. 399—415; M. Bindschedler: Die unzeitgebundene Fruchtbarkeit in der Mystik M. E's, in: Festschr. Jos. Quint, 1964, S. 29—33; O. Bolza: M. E. als Mystiker. Eine relig. psycholog. Studie, 1938; H. Denifle: M. E's lateinische Schriften und die Grundanschauung seiner Lehre, in: ALKG 2, 1886, S. 417—615; H. Fischer: Zur geistlichen Lehre M. E's, in: Geist und Leben 35, 1962, S. 38—50; ders.: Zur Frage nach der Mystik in den Werken M. E's, in: La mystique rhénane, S. 109—32; F. A. Gerhardt: Untersuchungen über das mystische Grunderlebnis. Ein Beitrag zur Mystik. M. E's, Luthers und Jakob Böhmes, Diss. Greifswald, 1923. B. Geyer: Eckehart [Replik an Grabmann], TheolRev 26, S. 442 ff.; M. Gonzáles Haba: Metafisica de la muerte en el M. E., in: Die Metaphysik im Mittelalter. Ihr Ursprung und ihre Bedeutung, hrsg. P. Wilpert, 1963; ders.: La figura de Cristo en el M. E., Diss. Berlin, 1962; M. Haacke: Der Gottesgedanke und das Gotteserlebnis bei M. E., Diss. Greifswald, 1918; A. Haas: Zur Frage der Selbsterkenntnis bei M. E., in: Freib. Zschr. 15, 1968, S. 190—261; A. M. Haas: Nim dîn selbes war. Studien zur Lehre der Selbsterkenntnis bei M. E., Joh. Tauler und Heinr. Seuse, in: Dikimion 3, 1971, S. 230 ff.; F. Hartmann: Die Geheimlehre der christlichen Religion nach den Erklärungen von M. E., 1895; P. Junker: Wesen und Bedeutung der Minne in der Mystik Eckeharts, in: Festschr. H. Schwarz, 1924; O. Karrer: M. E., das System seiner religiösen Lehre und Lebensweisheit. Textbuch aus den gedruckten und ungedruckten Quellen mit Einführung, 1926, Neudruck 1953. (Dazu: A. Ehrentreich: Die Tat 19, 1928, S. 772 ff.; G. Müller: DLZ 48, 1927, S. 595 ff.; P. Strauch: ZfdPh 52, 1927, S. 595; zur Kontroverse Karrer-Koch, vgl.: TheolRev 26, 1927 und 27, 1928, sowie: Theologie und Glaube 20, 1928); O. Karrer: Zu Prälat M. Grabmanns Eckehartkritik, in: Divus Thomas 5, 1927, S. 201—218; ders.: Das Göttliche in der Seele bei M. E., 1928; P.

Kelley: M. E's Doctrine of Divine Subjectivity, in: The Downside Review 76, 1957/58, S. 65—103; K. Kertz: M. E's Teaching on the Birth of the Divine Word in the Soul, in: Traditio 15, 1959, S. 327 bis 363; J. Koch: Zu Karrer, in: Theologie und Glaube 20, 1928, S. 173—89 (dazu Karrer, ebda. S. 390—98; Koch abermals, ebda. S. 398—401); H. Kunisch: Offenbarung und Gehorsam. Versuch über Eckharts religiöse Persönlichkeit, in: Eckhart-Festschr., 1960, S. 104—148; ders.: M. E., Offenbarung und Gehorsam, in: Mitteilungen des Grabmann-Instituts, Heft 7, 1962; H. Messer: ›Edeliu sele‹ bei M. E., Diss. Greifswald, 1923; D. Mieth: Die Einheit von vita activa und vita contemplativa in den deutschen Predigten und Traktaten M. E's und bei Joh. Tauler. Unters. zur Struktur des christl. Lebens, 1969; R. Otto: M. E's Mystik im Unterschiede von der östlichen Mystik, in: ZfTheolK 35, 1925, S. 325—50 und 418—36; M. Pahncke: Ein Grundgedanke der deutschen Predigt M. E's, ZKG 34, 1913, S. 58 ff.; ders.: Eckharts Lehre von der Geburt Gottes im Gerechten, in: ArchRelg 23, 1925, S. 15—24 und S. 156—264; B. Peters: Der Gottesbegriff M. E's. Ein Beitrag zur Bestimmung der Methode der Eckhartinterpretation, 1936; H. Rahner: Die Gottesgeburt. Die Lehre von der Geburt Christi im Herzen des Gläubigen, in: ZfkTheol 59, 1935, S. 333—418; E. Reffke: Studien zum Problem der Entwicklung M. E's im Opus tripartitum, ZKG 57, 1938, S. 19 bis 95; F. J. v. Rintelen: Eckharts Mystik, Sinn und Auftrag der Kreatürlichkeit, in: Festschr. Manfred Schröter, 1965, S. 67—98; L. Schreyer: Die Gottesgeburt im Menschen. Gespräch um M. E., 1935; E. Schuster: M. E. as Christian Existentialist, in: Kentucky Foreign Language Quarterly 10, 1963, S 203—14; O. Spann: M. E's myst. Erkenntnislehre, in: Zschr. f. philos. Forschungen 3, 1948, S. 339—55; G. Stephenson: Gottheit und Gott in der spekulativen Mystik M. E's. Eine Untersuchung zur Phänomenologie und Typologie der Mystik, 1954; G. Della Volpe: Il misticismo speculativo di maestro Eckhart, 1930; F. Weinhandl: M. E. im Quellpunkt seiner Lehre, 1926; B. Weiss: Die Heilsgeschichte bei M. E., 1965; H. Wolff: De Persoonlijkheidsidee bij M. E., Leibniz en Goethe, 1920.

Untersuchungen der Lehre mit Bezugnahme auf spezifische Werke Meister Eckharts: E. Albrecht: Der Trostgehalt in M. E's Buch der göttl. Tröstungen und seine mutmaßliche Wirkkraft, Diss. Berlin, 1953; M. Bindschedler: Die Trostgründe M. E's für die Königin Agnes von Ungarn, in: Märchen, Mythos, Dichtung. Festschr. f. Frdr. v. der Leyen, 1963, S. 401—07; E. Diederichs: M. E's Reden der Unterscheidung, Eine literarkritische Untersuchung, Diss. Halle, 1912; H. Fischer: Grundgedanken der deutschen Predigten, in: Eckhart-Festschr., S. 25—72; W. Frühwald: Formzwang und Gestaltungsfreiheit in M. E's Predigt von dem edeln Menschen, in: Festschr. f. H. Kunisch, 1961, S. 132—46; W. Klein: Meister Eckhart. Ein Gang durch die Predigten des deutschen Meisters, 1940. U. Nix: M. E. der Prediger, Festschrift zum Eckhart-Gedenkjahr (Eckhart-Festschr.), hrsg. mit R. Öchslin, 1960; R. L. Öchslin: Der Eine und Dreieinige in den deutschen Predigten, in: Eckhart-Festschrift, S. 149—166; M. Pahncke: Untersuchungen zu den deutschen Predigten M. E's, 1905; H. Piesch: Der Aufstieg des Menschen zu Gott nach der Predigt ›Vom Edlen Menschen‹, in: Eckhart-Festschr., S. 167—199; U. Plotzke: M. E. der Prediger, in: Eckhart-Festschr., S. 259—283; H. Roos: Zur Abfassungszeit von M. E's Trostbuch, in: Orbis litterarum 9, 1954, S. 45—59; L. Stiehl: M. E's Buch der göttlichen Tröstung. Studien zur Leidensphilosophie und spekulativen deutschen Mystik, Diss. Wien, 1955.

Zum „Seelenfünklein“: B. Dietsche: Der Seelengrund nach den deutschen und lateinischen Predigten, in: Eckhart-Festschr., S. 200 bis 258; B. Geyer: Seelenfünklein und Archa in mente bei M. E., in: TheolRev 26, S. 394 ff.; M. Grabmann: Die Lehre des hl. Thomas von der scintilla animae in ihrer Bedeutung für die dt. Mystik im Predigerorden, in: Jahrbuch f. Philos. u. spek. Theol., 1900; H. Hof: Scintilla animae. Eine Studie zu einem Grundbegriff in M. E's Philosophie mit besonderer Berücksichtigung des Verhältnisses d. Eckhartischen Philosophie zur neuplatonischen und thomistischen Anschauung, 1952; F. Meerpohl: M. E's Lehre vom Seelenfünklein, 1926; M. Müller: Das Seelenfünklein in M. E's Lehrsystem, 1935; K. Weiss: Die Seelenmetaphysik des M. E., in: ZKG 52, 1934, S. 467—524.

Zu Eckharts Ethik: F. X. Linsenmann: Der ethische Charakter der Lehre M. E's, 1873; M. A. Lücker: M. E. und die devotio moderna, 1950, S. 6—42; G. Mensching: Vollkommene Menschwerdung bei M. E., in: Freib. Zschr. 3, 1956, S. 169—183; H. Piesch: M. E's Lehre vom Gerechten, in: Festschr. der Nationalbibl. Wien, 1926, S. 617 bis 630; dies.: M. E's Ethik, 1935 (2. Aufl. 1948); W. Schultz: Der homo nobilis in der Mystik M. E's, in: Dichtung und Volkstum 44, 1944, S. 1—19.

V. Meister Eckhart im Spiegel der Nachwelt bis zur Reformation

Meister Eckharts Einfluß auf Tauler, Seuse und Nikolaus von Kues. Meister Eckhart ist einer der originellsten Geister einer an theologischen und philosophischen Denkern nicht gerade armen Epoche. Dennoch blieb sein gewaltiger Versuch, der Scholastik einen neuen Geist einzuhauchen, ohne merklichen äußerlichen Erfolg. Das liegt zum Teil daran, daß er sein Hauptwerk, das Opus tripartitum, nicht vollenden konnte und daß die Fragmente, die davon existieren, zusammen mit seinem umfangreichen deutschen Werk dem päpstlichen Bannspruch zum Opfer fielen. Freilich machte die Kurie nach Eckharts Tod 1327/28 keine großen Anstrengungen mehr, die Verbreitung seiner Lehre zu unterbinden: die päpstliche Verurteilungsbulle aus dem Jahre 1329 dürfte nur in der Erzdiözese Köln verkündigt worden sein.

Der neuen, im Nominalismus geschulten Gelehrtengeneration dürften aber die Voraussetzungen zum Verständnis des Meisters gefehlt haben, so daß er und sein Werk der Vergessenheit anheimfielen. Es fehlt zwar nicht an Versuchen, eine direkte Verbindungslinie zwischen Meister Eckhart und späteren Denkern herzustellen. Dabei wird aber meistens der Fehler begangen, Eckhartisch klingende Elemente einer Lehre unter allen Umständen auf den Meister zurückführen zu wollen. Dies hat man z. B. bei Jan van Ruysbroec und Geert Groote getan, die beide zwar oberflächlich eine gewisse geistige Verwandtschaft mit Eckhart aufweisen, jedoch zu seinen heftigsten Gegnern zählten und die Verbreitung seiner Schriften mit allen ihnen zur Verfügung stehenden Mitteln bekämpften.

Neben einer Anzahl unbedeutender Jünger des Mystikers besitzt Meister Eckhart nur drei Nachfolger im eigentlichen Sinn, die zu großer geistlicher oder künstlerischer Bedeutung aufstiegen. Es sind dies Johannes Tauler (1290—1361), Heinrich Seuse (1300—1365) und Nikolaus von Kues (1401 bis 1464), wobei Tauler und Seuse zusammen mit Eckhart oft als das mystische Dreigestirn des deutschen Mittelalters bezeichnet werden.

Die geistige Existenz Taulers zeigt, daß die Lehre Eckharts kraftvoll genug war, sich trotz des päpstlichen Verbotes im Volk durchzusetzen. Freilich konnte dies nur geschehen, indem Tauler sie »entschärfte« und dem Niveau seiner Zuhörerschaft weiter entgegenkam als Meister Eckhart dies jemals tat. Nicht zu Unrecht hat man Taulers Mystik daher den praktischen Ausdruck der Eckhartischen Spekulation genannt. In seinen Predigten spürt man die Nähe zum Publikum, fühlt dort den Hang zur Vereinfachung, wo Eckhart sich aus rein spekulativem Drang in oft schwer verständlichen Abstraktionen verliert. Die Spekulation ist Tauler nie Selbstzweck, sondern dient ihm einzig dazu, seinen geistigen Kindern den Weg zu Gott zu verdeutlichen. Deshalb haftet seinen Predigten im Vergleich zu den Eckhartischen eine gewisse Schmucklosigkiet und Einfachheit, zugleich aber auch eine größere Überzeugungskraft an. Die Lehre vom Seelenfünklein, um die es sich bei ihm wie bei seinem Vorbild handelt, wird in seiner Darstellung zu einer für den durchschnittlichen Hörer begreifbaren Lebenslehre, mit der er auf seine Zeitgenossen eine weit größere Wirkung ausübte als Eckhart selbst.

Auf den selben Grund wie Tauler baut auch Seuse, der »Minnesänger in Prosa«, seine Mystik. Die Überzeugung, daß Gott im »Seelenfünklein« geschaut werden kann, ist das Fundament seiner Predigten. Die Art, wie er das Erlebnis der unio mystica beschreibt, unterscheidet ihn jedoch stark von Eckhart und Tauler. Bei Seuse spürt man weder Eckharts unwiderstehlichen Drang zur Spekulation, noch Taulers Zug zur praktischen Lebensformung. Vielmehr regt sich in diesem »liebenswürdigsten und anziehendsten unter den deutschen Mystikern« (K. Bihlmeyer, »H. Seuses Deutsche Schriften«, 1907, S. 141) eine hochpoetische Seele, die »der zartesten Harfe gleich, in sich alle Töne der reichen Schöpfung, all ihren Glanz und all ihre Lust widerklingt, welche die ganze Fülle der unendlichen Schönheit der Welt zu empfinden imstande ist — aber in all dem jenen zarten Hauch einer unendlichen Wehmut atmet, eines unsäglich tiefen Leides, das seine Wunde nur in einem Leide stillen kann, dem Leiden Christi« (J. Bach, »Meister Eckhart«, S. 165). Seuse schlägt einen großen Bogen zurück zur Gefühlsmystik der Frauen. Obwohl man bei ihm immer den Einfluß Meister Eckharts und auch Taulers verspürt, ist das wesentlichste Merkmal seiner Predigten »die im Dichterischen gebundene Doppelheit von spekulativer und poetischer Mystik« (F. Wentzlaff-Eggebert, »Deutsche Mystik«, S. 119).

In den Werken dieser beiden Jünger lebte der Kern der Eckhartischen Spekulation weiter, bei dem einen eingekleidet in den Mantel einer beschaulichen Lebenslehre, beim anderen eingebettet in eine künstlerische Prosa. Wenn nun Meister Eckhart auf diese Weise anonym weiterwirkte und sein Einfluß indirekt bis zur »Theologia deutsch« und zu Luther reichte, der die Predigten Taulers gut kannte, so benützte der große Kardinal von Kues, Nikolaus, mehr als 100 Jahre nach Eckharts Tod dessen Schriften direkt als Grundlage zur Bereicherung seines eigenen philosophischen und theologischen Wissens. Es ist bezeichnend für den Kusaner, daß er sich 1444 das Hauptwerk des Meisters zum größten Teil abschreiben ließ und so für die Deutung der lateinischen Werke die wichtigste Quelle schuf, den sogenannten »Codex von Kues«, jedoch die Entfernung von öffentlich ausgestellten Eckhart-Schriften verlangt, weil die gewöhnlichen Leser gewisse darin verlautbarte Ideen mißverstehen müßten.

Die Forschung ist sich noch nicht einig über das Ausmaß des Eckhartischen Einflusses auf Kues. Schon Bach hatte in seiner bedeutenden Analyse der Eckhartischen Mystik die Philosophie des Nikolaus eine Fortführung der christlichen Mystik zur Naturmystik im weitesten Sinn genannt (»M. E.«, S. 209). H. Wackerzapp kam in einer gründlichen Untersuchung der Kusanus-Schriften aus den Jahren 1440—1450 zu dem Schluß, daß Nikolaus bei der Ausarbeitung von zahlreichen Grundproblemen, wie z. B. Sein, Ewigkeit und Zeiteinheit, Gott und Geschöpf u. a. als unbedingter Nachfolger Meister Eckharts angesehen werden muß (»Der Einfluß Meister Eckharts auf die ersten philosophischen Schriften des N. v. K., 1440—1450«, Münster, 1962). Am entschiedensten hat sich bisher A. Dempf für die Abhängigkeit des Kusaners von Meister Eckhart eingesetzt. Gegenüber den Einwänden der biographischen Kusanus-Forschung meint er, daß dieser nicht nur Eckhart kommentiert, sondern auch mit kongenialem Blick seine Dialektik zu einer Erkenntnislehre der Gegensätze fortgebildet habe (»M. E.«, 1960, S. 39 u. 117 ff.). Dempf ist ferner der Auffassung, daß der Kusaner, der selbst unter dem Verdacht des Pantheismus stand, eine schulmäßige Entfaltung der Eckhartischen Lehre nicht fördern konnte, daß aber der Geist des Meisters „indirekt im verborgenen Strom der Kusanischen esoterischen Gotteslehre auf Paracelsus, Weigel, Jakob Böhme und Angelus Silesius(. . .) und über Bruno und Spinoza auf den deutschen Idealismus" gewirkt habe (»M. E.«, 1960, S. 39).

In der Erinnerung des Volkes lebte Meister Eckhart offen durch Jahrhunderte weiter als ein fürsorglicher Berater, um den sich zahlreiche Legenden woben, wobei sich häufig zu seinen echten Eigenschaften noch die des Sagenheldens Ekke gesellten, so daß er uns in der Populärliteratur des 14.—16. Jhs. des öfteren als ein eigenartiges Mischprodukt von märchenhaften und realistischen Elementen begegnet.

Literatur zum Wirken und Nachwirken M. E's: I. Degenhardt: Studien zum Wandel des Eckhartbildes, 1967; W. Dolch: Die Verbreitung der oberländischen Mystikerwerke im Niederländischen, 1909; O. Karrer: Von M. E. und seiner Nachwirkung, in: Schweizer Rundschau, 1935/36, S. 403—416; J. KOCH: M. E's Weiterwirken im deutsch-niederländischen Rraum im 14. und 15. Jh., in: La Mystique rhénane, 1963, S. 133—156; R. LANGENBERG: Über das Verhältnis M. E's zur niederdeutschen Mystik, Diss. Köln, 1895; M. A. LÜCKER: M. E. und die devotio moderna, 1950; W. MUGSCH: Die Mystik in der Schweiz 1200—1500, 1935 (über M. E. S. 159—204); A. SPAMER: Über die Zersetzung und Vererbung in den deutschen Mystikertexten, 1920; W. STAMMLER: M. E. in Mitteldeutschland, in: ZfdPh 59, 1922, S. 122—62; DERS.: M. E. in Norddeutschland, in: ZfdA 59, 1922, S. 179—216; DERS.: Studien zur Geschichte der Mystik in Norddeutschland, in: ArchRelg 21, S. 122—62, ebenso in RUH, Mystik, S. 386 ff.; C. G. N. de VOOYS: M. E. en de Nederlandse mystiek, in: NAK 3, 1905, S. 50 ff., 176 ff., 165; K. WEISS: M. E's Stellung innerhalb der theologischen Entwicklung des Spätmittelalters, in: Studien d. Luther Akad., NF 1, S. 29—47.

Die Anfänge der Eckhartforschung. Die eigentliche Eckhartforschung ist nicht älter als 150 Jahre. Was vorher über den Mystiker geschrieben wurde, berief sich größtenteils auf die einseitigen Darstellungen des italienischen Historikers Oderich Raynaldus (1595—1671), der seine Abneigung gegenüber Eckhart offen kundtat, bzw. auf die wesentlich objektiveren Aufzeichnungen von Jaques Quétif (1618—1671) in der von seinem Ordensbrüder Jacques Echard (1644—1725) herausgegebenen biographischen Ordensgeschichte der Dominikaner (»Scriptores Ordinis Praedicatorum«, Parisiis 1719—1721).

Die Bemühungen dieser Ordensbrüder Meister Eckharts trugen viel dazu bei, daß der Dominikaner im 18. Jh. als »homo sanctus et doctus« im Andenken der wenigen an der Mystik Interessierten stand; jedoch fanden sich auch immer wieder Kritiker, die die Zweifel des Raynaldus teilten und in Eckhart einen Erzketzer und Gotteslästerer sahen. Echte Kenntnis der Schriften des Mystikers gab es im Zeitalter der Aufklärung kaum und Bewunderung oder Abscheu ihm gegenüber wurde in abgedroschenen, über die Jahrhunderte kaum veränderten Klischees ausgedrückt. Dies änderte sich um die Wende zum 19. Jahrhundert. Mit der Romantik setzte ein echtes wissenschaftliches Interesse an der Kultur des deutschen Mittelalters und somit auch an der Mystik und Meister Eckhart ein. Die Romantiker brachten alle Voraussetzungen zu einer Wiederbelebung jener Gedanken mit, die die Mystiker des Spätmittelalters bewegt hatten. Die Neigung zum Außergewöhnlichen, zum religiös Visionären und Ekstatischen, die aus der Rebellion gegen die Verstandeskultur der Aufklärung hervorging, bedingte, mehr als alles andere, das Interesse der Romantiker an der Mystik und deren geheimnisvollen Seiten.

Neben der Romantik stand noch ein anderes Phänomen an der Wiege der Eckhartforschung und trug bei zur Wiederentdeckung des thüringer Mystikers: der deutsche Idealismus. Die Philosophen dieser Richtung teilten eine radikale Abneigung gegen die mittelalterliche Scholastik und deren Vertreter. In der Mystik sahen sie den dialektischen Gegenschlag zur Scholastik und eine Wendung zu originellerem Denken. So nahm z. B. Hegel die Mystiker von seinem vernichtenden Urteil über die Scholastiker ausdrücklich aus und deutete als besonders kongenial deren Abwendung von den traditionellen kirchlichen Lehrsätzen. Darüber hinaus wies er sogar auf die Geistesverwandtschaft hin, die ihn seiner Überzeugung nach mit Eckhart verband. KANT hatte die Religion vom Bereich der Philosophie getrennt, doch griffen Hegel und andere idealistische Philosophen die Frage nach dem Verhältnis zwischen Glauben und Wissen wieder auf. In seinem Bemühen, den Gegensatz von Religion und Philosophie zu überbrücken, kam Hegel die Lektüre Meister Eckharts, auf die er vermutlich durch Vermittlung des Münchner Philosophen Franz von BAADER (1765—1841) gestoßen war, sehr zu statten. In der Folge berief er sich oft auf Eckhart als den mittelalterlichen Kronzeugen für seine eigene Ansicht von der philosophischen Durchdringung der Religion.

Hegels Anspruch auf Geistesverwandtschaft trug viel dazu bei, daß Meister Eckhart mit großem Eifer von wissenschaftlicher Seite unter die Lupe genommen wurde. Trotz einiger erstaunlicher philosophischer und theologischer Studien fehlte aber noch die Voraussetzung zu einer Auseinandersetzung mit Eckharts Geistesgut auf breiterer Basis als bisher, nämlich eine Textausgabe. Diese so wichtige Aufgabe unternahm auf das Drängen F. v. Baaders hin der Wiener Germanist Franz PFEIFFER (1815—1868), der die erste Ausgabe der deutschen Predigten Meister Eckharts 1857 vorlegte. Die neuesten kritischen Untersuchungen haben gezeigt, daß Pfeiffers Leistung, in Anbetracht der Umstände, außerordentlich beachtlich war.

Da die Textgrundlage nun geschaffen war, entstanden in der Folge zahlreiche Werke, die sich mit dem Leben und der Lehre Meister Eckharts auseinandersetzten. Gestützt auf die von den Idealisten und Romantikern verbreiteten Ansichten aus der ersten Hälfte des Jahrhunderts, begann sich ein Eckhartbild herauszuschälen, dem ganz besondere Merkmale anhafteten. Vor allem entwickelte sich das Bild von Eckhart dem Deutschen. In Meister Eckharts vermeintlichem Widerstand gegen die Scholastik glaubte man das Auftauchen nationaler Differenzen bemerken zu können. Wie bei Walther von der Vogelweide, so entdeckte man auch bei ihm nationale Züge und reihte den Mystiker bald in die Phalanx der deutschen Helden der Vergangenheit ein. Dabei waren die Verehrung, die man Hegel entgegenbrachte, und die angebliche Ähnlichkeit zwischen dessen und Eckharts Lehre besonders förderlich. Man sah in dieser Ähnlichkeit etwas typisch ›Deutsches‹, ›Bodenständiges‹, von der französischen und englischen Art Verschiedenes. Es kann daher nicht verwundern, wenn man in Meister Eckhart bald auch den »Vater der deutschen Philosophie« verehrte und Versuche unternahm, besonders von seiten der protestantischen

Theologen, Ansätze zu einer eigenen »deutschen« Theologie bei ihm zu finden.

Neben dieser Anschauung fand das Bild von Eckhart dem Pantheisten immer größeren Anklang, das Adolf Lasson (1832—1917) in einer hartnäckig geführten Kontroverse mit Wilhelm Preger (1827 bis 1896) erzwungen hatte. Lassons pantheistische Auslegung der Eckhartischen Lehre trug wesentlich bei zu der Annahme, daß sich Meister Eckhart von jeglicher kirchlicher Authorität losgesagt hätte. Diese Ansicht wiederum sollte im zwanzigsten Jahrhundert großen Anklang finden, überschattete aber schon vorher gegenteilige Urteile (z. B. die Pregers, Bachs und F. X. Linsenmanns).

Die Denifle-Ära: Eckhart der Scholastiker. Die Summe der Pauschalurteile, die in Meister Eckhart einen Antischolastiker, Pantheisten, Vorläufer des Idealismus sowie den Begründer der deutschen Philosophie und Theologie sahen, erfuhr im letzten Drittel des 19. Jhs. eine radikale Revision, hauptsächlich durch die Bemühungen eines Mannes: Heinrich Seuse Denifle (1846 bis 1905). Dieser dominikanische Gelehrte, der sich mit einem in unserer Zeit schier unglaublich anmutenden Wissen an die Untersuchung der deutschen Mystikertexte machte, verblüffte die Fachwelt mit einigen polemischen Aufsätzen, in denen er die Resultate jahrzehntelanger Mystikforschung als wertlos beiseite fegte.

Schon vor Denifle hatte J. Bach 1864 seine katholische Apologie Meister Eckharts veröffentlicht, in der er darauf hinweist, daß mittelalterliche Mystik und Scholastik nicht grundsätzlich unterschieden seien und daß Meister Eckharts eigentliche Leistung darin zu sehen sei, daß er in altüberlieferte Ideen neues Leben injizierte und so antikes und christliches Gedankengut mit größtem Erfolg zu einer höheren Einheit verschmolzen habe. Mit dieser Einschätzung nahm Bach Denifles Ergebnisse vorweg, doch fehlte es ihm an der Selbstsicherheit, mit der Denifle ein ganzes Heer renommierter Eckhartforscher zu konfrontieren und schließlich sogar zu kompromittieren wagte.

Denifle bewies, daß die mittelalterliche Mystik in enger gedanklicher Verwandtschaft mit der Scholastik stand und sich — fern von jeglichem reformatorischen Bestreben — von deren Geistesgut nährte. Er kritisierte fast alle vorangehenden Studien, indem er deren Verfassern mangelnde Kenntnisse der für das Verständnis der Mystik absolut notwendigen scholastischen Ideenlehre vorwarf. Diese Anschuldigung richtete sich vor allem gegen die nichtkatholischen Forscher (z. B. Preger, Lasson, Martensen und Schmidt), denen er unterstellte, bewußt Nichtvorhandendes in die Mystik hineingetragen zu haben. Aber auch gegen die katholischen Mystikforscher wandte er sich: ihnen habe es nicht nur an der gründlichen Quellenkenntnis der deutschen Mystik gefehlt, sondern sie hätten sich auch des Plagiats der von den protestantischen Wissenschaftlern verbreiteten Ansichten schuldig gemacht. Ein allgemeiner Mangel der bisherigen Mystikforschung sei auch das Fehlen der zum Studium der mittelhochdeutschen Mystikertexte notwendigen Sprachkenntnisse gewesen. In einem erstmals 1875 gedruckten »Bildungsprogramm« forderte Denifle, daß jede künftige Mystikforschung auf sechs grundlegende Vorstufen aufzubauen habe: 1. Ablehnung des rationalistischen Standpunktes, der die mystische Spekulation als ein rein natürliches Verstandesprodukt betrachtet, dafür Annahme des übernatürlichen Standpunktes; 2. gründliche Kenntnis der mystischen Prinzipien; 3. gründliches Studium der Scholastik und insbesondere der Lehre des Thomas von Aquino; 4. tiefgreifende Kenntnis der Patristiker, vor allem Augustinus und Dionysius Areopagita; 5. Beherrschung der historischen Voraussetzungen zur Beurteilung der damaligen Zeitlage; 6. Hervorhebung der Zusammenhänge und der gemeinsamen Merkmale aller christlichen Mystik neben der Kennzeichnung der Eigentümlichkeit und Besonderheit der einzelnen Persönlichkeiten.

Denifle selbst bemühte sich in seinen Studien, den in diesem Sechspunkteprogramm gestellten Forderungen gerecht zu werden, und noch heute gelten seine Richtlinien als maßgebend für das Studium der spätmittelalterlichen Mystik. Unter allen vorangehenden Studien ließ er nur die von Bach und Linsemann als halbwegs annehmbar gelten. Beide stimmten mit ihm in grundlegenden Fragen der Interpretation überein.

Nachdem Denifle die Mystikforschung erschüttert und allgemein akzeptierte Ansichten über die Geistesströmungen des Spätmittelalters abgelehnt hatte, machte er sich an die Revision des Eckhartbildes. Man hatte den Mystiker seit Jahren als deutsches Originalgenie verehrt, seine geistige Unabhängigkeit betont und ihn von den Scholastikern abgesetzt. Daß er lateinische Schriften abgefaßt hatte, war durch Nikolaus von Kues und den Sponheimer Abt Trithemius bezeugt, doch war man an dieser Tatsache in der Zeit vor Denifle nicht interessiert. 1886 aber versetzte Denifle der Forschung einen Schlag mit der Behauptung (in einer der Veröffentlichung der von ihm aufgefundenen lateinischen Schriften Meister Eckharts vorangestellten Darstellung), daß der Mystiker den Großteil seines Werkes auf lateinisch verfaßt habe. Noch schockierender aber als diese Festellung war das Urteil, daß es sich bei Meister Eckhart nicht um einen eigenständigen Denker handle, wie man bisher vermutet hatte, sondern eher um einen mittelmäßigen, verworrenen Theologen, der weit im Schatten des Thomas v. Aquino stehe.

Diese neue Einschätzung Eckharts — von Denifle mit ungeheurer Überzeugungskraft vorgebracht — schlug in die Eckhartforschung wie eine Bombe ein. Anstatt Denifles Ergebnisse, die wie die eigenen auf gewissen Vorurteilen beruhten, zu überprüfen, ließ sich eine ganze Generation von Eckhartforschern von Denifle einschüchtern. Das Resultat der Denifleschen Polemik war nicht geschlossene Auflehnung, sondern betretenes Schweigen von seiten der geschmähten Forscher. Die Ehrfurcht vor Denifles Gelehrsamkeit, sowie die Furcht vor seiner kämpferischen Disposition, ließ alle die Tatsache übersehen, daß Denifle selbst an einem apriorisch gefaßten Urteil festhielt und dieses mit Hilfe gewisser Auszüge aus den Schriften Meister Eckharts unterstützte, wobei er sich aber einzig an die lateinischen Texte hielt und die deutschen ignorierte.

So schien es Denifle wirklich gelungen zu sein, mit seinem antithetischen Urteil einen vorzeitigen Schlußstrich unter die Eckhartforschung gezogen zu haben. Feierte man Eckhart vorher seines Pantheismus wegen, so war man jetzt unschlüssig, denn laut Denifle war dieser Pantheismus nur das Resultat unvollkommen entwickelter Gedankengänge, die, aneinandergereiht mit korrekten Schlußfolgerungen, den Eindruck erweckten, als existiere Gott in allem. Eine solche Lehre stünde aber im Gegensatz zum Thomismus; infolgedessen sei Eckhart — das betont Denifle — ganz zu Recht von der Kurie verurteilt worden. Was vorher als revolutionäre geistige Tat bewundert wurde, erweckte nun in Deniflescher Beleuchtung den Eindruck geistigen Unvermögens.

Neuansatz der Forschung. Zur erneuten Auseinandersetzung mit Meister Eckhart kam es erst wieder im 20. Jh., als das Gewicht der Persönlichkeit Denifles nicht mehr so stark zu spüren war. Jetzt waren es hauptsächlich Germanisten, die sich um den neuerlichen Ruhm des Meisters verdient machten und die Aufmerksamkeit des lesenden Publikums auf die deutschen Schriften des Dominikaners lenkten. Im 19. Jh. war die Literaturwissenschaft der geistlichen Prosa des Spätmittelalters ablehnend gegenübergestanden. Die wenigen Philologen, die sich mit der Mystik beschäftigt hatten, wie etwa Pfeiffer und Preger, bekamen die Geringschätzung ihrer nur an der spätgermanischen und ritterlichen Literatur interessierten Fachkollegen zu spüren, oder sie wurden von Denifle abgekanzelt, der z. B. Preger zu einem Biographen zweiter Klasse degradierte. Die renommierteren Germanisten, wie z. B. B. LACHMANN, Jakob GRIMM und etwas später S. SCHERER, standen völlig im Bann eines weltlich orientierten Liberalismus, dessen Aufklärungsphilosophie und Hang zu modernen Bildungsidealen oft zu radikaler Abkehr von Religion und Kirche führten. So war auch das Echo dieser liberalen Gruppe auf die Herausgabe der Eckhartischen Werke durch Pfeiffer dezidierte Indifferenz, während die Theologen und Philosophen darauf mit Begeisterung reagierten. Denifles Aburteilung Meister Eckharts gab dieser ohnehin schon voreingenommenen Gruppe den nötigen Rückhalt, die Erforschung eines Bereichs, dem sie abwehrend gegenüberstanden, ganz aufzugeben.

Nach und nach aber traten Forscher auf, die sich gegen Denifles Pauschalabwertung des Eckhartischen Werkes wandten. Denifle hatte den Fehler begangen, Eckhart fast ausschließlich vom engen Standpunkt des Scholastikers aus zu bewerten und ihm keinerlei geistige Flexibilität zuzutrauen. Auf diese Einengung in der Sicht des dominikanischen Wissenschaftlers wies nun eine junge, von der Scholastik sich distanzierende Philologengeneration hin, die bald aufs kräftigste von wissenschaftlich ungeschulten, neuromantischen Eckhart-Enthusiasten unterstützt wurde. Besonders jene Wissenschaftler, die sich um Philip STRAUCH (1852—1934) und Otto BEHAGHEL (1854—1936) gruppierten, bestritten zwar nicht, daß Eckhart als Scholastiker keine große Bedeutung zukam. Sie gaben Denifle gegenüber zu, daß die philosophischen und theologischen Neuerungen des Meisters in ihrer Zeit wenig Gewicht hatten, betonten aber, daß sein eigentliches Verdienst in seinen Beiträgen zur deutschen Sprache sowie in seiner ganzen »deutschen« Gesinnung liege. Symptomatisch für diese neue Einstellung ist Max PAHNKES trotziger Ausspruch: »Doch sei es mit Eckharts lateinischen Schriften wie ihm [Denifle] wolle, steht er auch durchaus auf dem Boden der Scholastik, und wäre er auch ein schlechter Scholastiker gewesen, was ficht das uns an? Der Thomist ist uns Nichtthomisten wenig wichtig und interessant« (»Untersuchungen zu den dt. Predigten Meister Eckharts«, 1905, S. 14). Diese Worte enthalten das Programm einer neuen Forschergeneration, der es vor allem darum ging, Eckhart vom literaturwissenschaftlichen Standpunkt aus zu bewerten. So wurde es in der Folge still um »Eckhart den Scholastiker«; um so mehr aber begann man an jenem Bild zu feilen, das in seinen Ansätzen schon fünfzig Jahre früher skizziert worden war. Daß dabei die gewichtigeren Forscher immer weniger zu Wort kamen, daß dilettantische Propagandisten immer mehr das offizielle Eckhartbild bestimmten und den bescheidenen Dominikaner zur glorreichen religiösen Entdeckung des 20. Jhs. stilisierten, ist eine Eigentümlichkeit der Eckhartforschung, die nur verständlich wird, wenn man die Nöte dieser sich in geistigem Umbruch befindlichen Generation kennt.

Das Eckhartbild des 20. Jahrhunderts

Aus der Abneigung gegen die rationalpositivistische Naturauffassung des 19. Jhs. und die überlieferten Formen bürgerlichen Lebens und Denkens erwuchs um die Jahrhundertwende der immer lauter werdende Ruf nach religiöser Erneuerung, nach Erlösung vom kirchlichen Dogma und offiziellen Christentum. Auf der Suche nach einer neuen „inneren" Religion stieß man auf Meister Eckhart. Die nun folgende Wiederentdeckung des Mystikers, die zweite in der Neuzeit, verdankt der Wissenschaft fast nichts, denn die neuen Propheten des Eckhartischen Gedankengutes kannten kaum die Probleme und Streitfragen, die die Forschung bewegt hatten. Von wissenschaftlichen Untersuchungen wollten sie nichts wissen, griffen vielmehr zurück auf Klischees aus der vor-Deniflesdien Ära, auf die verschwommenen Vorstellungen von Meister Eckhart als dem Vater der deutschen Philosophie, dem Gründer einer sich in krassem Gegensatz zum kirchlichen Dogma befindlichen mystischen Lehre.

Die einzige anerkannte Eckhartdeutung dieser Zeit war die des Hegelianers LASSON, der den Meister als strahlenden Renegaten vom Söldnerheer der mittelalterlichen Kirche dargestellt hatte. Daneben war man fasziniert vom Bekenntnis SCHOPENHAUERS, des Verächters des Christentums, der sich mit Eckhart identifizierte und in seiner Philosophie die logische Weiterentwicklung Eckhartischer Grundgedanken sah. Über Schopenhauer vermeinte man das klare Verständnis Meister Eckharts finden zu können; auch in anderen Bildungselementen der Zeit, wie etwa in NIETZSCHES Werken, sah man Eckhartische Züge gespiegelt.

Hermann BÜTTNERS *Eckhart-Übersetzung.* Der Einfluß Lassons und Schopenhauers hätte aber nicht genügt, Meister Eckhart die außerordentliche Bedeutung zu verleihen, die ihm während der ersten vierzig Jahre dieses Jahrhunderts zuteil werden sollte. Zur Popularisierung des Mystikers kam es erst durch ein Werk, dessen Nachwirkung beinahe einzigartig ist: Hermann BÜTTNERS Eckhart-Übersetzung (1903 ff.). War Meister Eckhart vorher nur Fachgelehrten zugänglich, so konnte durch diese Ausgabe auch der interessierte Laie Eckhart lesen. Büttner wandte sich vor allem an den religiösen Laien, den Suchenden. Was er diesem bot, war keine wortgetreue Wiedergabe der Eckhartischen Schriften, sondern eine aus »geistiger Assimilation« entstandene freie Übersetzung. »Büttner«, sagt Degenhardt zutreffend, »hatte keine philologischen Skrupel, wohl aber ein metaphysisches Sendungsbewußtsein« (»Studien zum Wandel des Eckhartbildes«, S. 233).

Der Erfolg des Buches war einzigartig; innerhalb kürzester Zeit kam es zu mehreren Auflagen, in den dreißiger Jahren dann zu einer Volksausgabe. Freilich hatte der Eckhart, wie man ihn damals allgemein verstand, wenig zu tun mit jenem Dominikaner, um dessen wahres Geistesgut sich kompetente Wissenschaftler noch immer, wenn auch weniger spektakulär, bemühten. Das Eckhartbild der Öffentlichkeit wurde bestimmt durch Büttners popularphilosophische Auslegung. Büttner war vor allem anti-kirchlich eingestellt. Kirchliche Religion bedeutete für ihn seelische Knechtung, Gottesfurcht und Gottesferne. Seiner Ansicht nach hatte sich Eckhart bemüht, die von der Kirche geförderte Antithese zwischen Gott und Mensch aufzuheben.

Der große Unterschied zwischen Meister Eckhart und dem Reformator Luther bestehe darin, daß Eckhart jegliche kirchliche Organisation abgelehnt habe.

Die Folgen von Büttners Eckhartauslegung ließen nicht lange auf sich warten. Man stilisierte Meister Eckhart zum größten Freigeist des Mittelalters, der alle Gebundenheit an die Kirche überwunden habe und überging dabei ohne Skrupel anders lautende historische Zeugnisse. Ergänzt wurde diese Sicht noch durch die Überzeugung, Eckhart sei der genialste Redner und Schriftsteller des deutschen Volkes aller Zeiten gewesen. Eine Flut von Lobschriften ergoß sich auf den Büchermarkt. Eckhart, der bescheidene Dominikaner, wurde zum Helden zahlreicher historischer, biographischer und weltanschaulicher Romane, durch die das gänzlich verzerrte Eckhartbild immer weitere Verbreitung erlangte. Im Fahrwasser dieser auf Büttner zurückzuführenden Interpretationen kam es zur raschen Aufnahme pseudo-Eckhartischer Ideen in philosophischen Zirkeln und zur Bildung von neumystischen Massenbewegungen.

Mit besonderem Nachdruck wirkten Eckharts Schriften in der Auslegung durch Büttner auf Hermann SCHWARZ und dessen Anhänger, mit denen er eine „Philosophie des Ungegebenen“ gründete. Schwarz wollte die uralten metaphysischen Probleme der Menschheit lösen und berief sich zu diesem Zweck nicht nur auf den deutschen Idealismus, sondern auch auf die Mystik Meister Eckharts. Grundprinzip von Schwarz' Anschauung ist die strikte Ablehnung jeglicher vorgegebener Werte, da diese nicht an sich, sondern nur als Erscheinungen existierten. Wahre Werte könnten nur in der Seele des Menschen geschaffen werden. Die Triebkraft zur Realisierung dieser Werte sei die Liebe, die ein bereits im Tiefsten der Seele — im Eckhartischen Seelengrund — latenter Wert sei, den zu erwecken es nur der aktiven Hingabe an eine Fremderscheinung bedürfe. Einen Gott im Sinne der christlichen Überlieferung gebe es nicht. Gott könne nur „Wirklichkeitswert" im Menschen selbst erreichen. Schwarz war der Meinung, alle seine Ideen seien schon bei Meister Eckhart vorgezeichnet. Seine Philosopheme, die von seinen Schülern eifrig abgeschrieben und weiterentwickelt wurden, übten großen Einfluß auf die deutsche Jugendbewegung und die nationalsozialistische Ideologie aus.

In den zwanziger und dreißiger Jahren machte sich in breiten Kreisen die Überzeugung bemerkbar, daß man lange genug dem religiösen Individualismus gehuldigt und sich kirchenfeindlich gegeben hatte. Man begann, sich nach Ersatz für die verlorene Väterreligion umzusehen und stieß dabei wieder auf den nun schon habituell mißverstandenen Meister Eckhart. Schon Büttner hatte auf Eckharts »Eigenpunkt germanischen Wesens« hingewiesen und die Forderung nach einer „deutschen" Religion erhoben. Alfred Rosenberg, dem Parteiphilosophen der Nationalsozialisten, gelang es dann beinahe, Büttners Wunschträume zu verwirklichen. Schon als Student bei Schopenhauer in Riga hatte sich Rosenberg für Meister Eckhart begeistert. Später verschmolz er seine Bewunderung für den alten Mystiker mit einem leidenschaftlichen Haß gegen alles kirchlich-Christliche. In der christlichen Religion sah er den erbittertsten Feind des ihm heiligen germanischen Lebens- und Naturgefühls und setzte ihr, der Gesinnungsentfremderin und Seelenvernichterin der Deutschen, einen neuen Mythos entgegen, dessen zentrale ›religiöse‹ Werte in »Rasse« und »Blut« bestanden. Meister Eckhart feierte er als den größten Apostel der Deutschen, der alle seine Thesen schon vorweggenommen habe. Neben diesem großen Denker, dem für ihn bedeutendsten Originalgenie der Deutschen, verblaßten seiner Ansicht nach alle andern geistesgeschichtlichen Persönlichkeiten des Abendlandes. Selbst Luther betrachtete er nur als einen Epigonen, der vor der letzten Konsequenz, dem Bruch mit der institutionellen Religion, zurückgeschreckt sei.

Neu war an Rosenbergs Mythos nicht viel. Das meiste findet sich ansatzweise schon bei Büttner, nur führte Rosenberg dessen

Ideen zur letzten Konsequenz. Wie Büttner entwickelte Rosenberg aus Eckharts Lehre einen Seelenkult, freilich mit dem Unterschied, daß er den Begriff »Seele« zu dem der »Rassenseele« umdeutete (d. h. die Seele sei Rasse von innen gesehen und die Rasse die Außenseite einer Seele!) und somit Religion und Rassenbekenntnis auf eine Ebene hob. Damit war die Brücke von Meister Eckhart zur nationalsozialistischen Bewegung geschlagen. Der Mystiker erfüllte als vermeintlicher Prototyp germanischer Wesensart mit seiner Lehre die metaphysischen Sehnsüchte des »nordischen Rassemenschen«.

Daß diese neue Eckhartauslegung viele Forscher verstummen ließ, ist verständlich. Einige protestierten zwar gegen diese jeglicher wissenschaftlichen Objektivität bare Deutung, den meisten aber erschien es als hoffnungslos, sich gegen den neuen Mythos zu stemmen, der Meister Eckhart in der Büttner-Rosenbergschen Auslegung der nationalsozialistischen »Weltanschauungsbibel« mit einer Auflage von über 800 000 Exemplaren über den deutschen Büchermarkt schwemmte. So erlebte Meister Eckharts Geistesgut in falscher Auslegung eine Popularität, die sich der Domikanermönch mehr als sechshundert Jahre früher kaum erträumt und sicherlich nicht erwünscht hätte. Unter der Führung Rosenbergs wurde Eckhart zur bevorzugten Lektüre der nationalsozialistischen ›Bildung‹.

Die Revision des deutschgläubigen Eckhartbildes. Während der nationalsozialistischen Diktatur erreichte das Eckhartbild einen Grad an Verzerrung, der kaum noch zu überbieten war. Allmählich mußten selbst jene Wissenschaftler, die anfangs in Rosenbergs ›Mythos‹-Kult nur eine vorübergehende Erscheinung gesehen hatten, den verderblichen Einfluß des falsch gedeuteten Mystikers anerkennen. Gegen die Ideologie Rosenbergs und seiner Anhänger, die auch in akademischen Kreisen zu finden waren, setzte sich ein kleiner, qualifizierter Kreis von Gelehrten ab, der an der Revision des völkischen Eckhartbildes arbeitete und die Grundlagen für unser heutiges Verständnis des Meisters schuf.

Schon früher, noch in den Zwanzigerjahren, hatten sich der Eckhartforschung neue Wege eröffnet. Eines der wichtigsten Dokumente für die Beurteilung der Beziehung zwischen Eckhart und der Kirche, die »Rechtfertigungsschrift«, die man schon seit 1880 kannte, aber nicht veröffentlicht hatte, wurde 1923 von A. Daniels herausgegeben, 1926 von G. Théry neu gegliedert und ediert, und schließlich im selben Jahr von Otto Karrer und Herma Piesch übersetzt. Die bis dahin dürftige Quellenlage wurde weiter verbessert durch ein 1925 von F. PELSTER veröffentlichtes Gutachten der Avignoneser Theologenkommission, sowie durch die von M. GRABMANN und E. LONGPRÉ unabhängig voneinander publizierten Quästionen Meister Eckharts.

Die meisten dieser Funde bezogen sich auf den Prozeß und die Verurteilung Eckharts und gaben Stoff zu neuen Auseinandersetzungen über die Schuld oder Unschuld des Dominikaners. Schon im vorigen Jahrhundert hatten sich Kritiker gemeldet, die auf die Mängel in der Führung des Prozesses hingewiesen und dabei besonders auf die Mißachtung der Exemtion, sowie auf die verweigerte Appellation aufmerksam gemacht hatten. Als Mitglied des Dominikanerordens stand Meister Eckhart nämlich außerhalb der Jurisdiktion seiner ordentlichen kirchlichen Vorgesetzten. Eckharts eigener, mit Nachdruck vorgebrachter Hinweis auf seine Exemtion und darauf, daß er kraft seines Lehramtes an der Universität Paris nur dem Papst und der Universität Rechenschaft zu geben habe, unterstützte die Argumentation jener, die in ihm ein schuldloses Opfer der Kirche und des Kölner Erzbischofs sehen wollten.

Der Widerstand gegen das »deutsche« Eckhartbild, der bereits in den zwanziger Jahren auch in katholischen Kreisen einsetzte, hatte seinen bedeutendsten Verfechter in O. KARRER. Dieser bemühte sich um eine Auslegung, die von Denifle wegführen und Eckhart im Sinne einer katholischen Orthodoxie rehabilitieren sollte. Mit Hilfe der »Rechtfertigungsschrift« kam Karrer zu der Überzeugung, daß Eckhart seine Selbstverteidigung aus ehrlicher Überzeugung geführt hatte und daß seine Beteuerung, er könne zwar irren, nie aber Häretiker sein, über seine wahre Beziehung zur Kirche keine Zweifel offenlassen könnte. Karrer sah in ihm einen treuen Schüler Thomas v. Aquinos, unterschied sich aber von Denifle, der die gleiche Ansicht schon früher geäußert hatte, darin, daß er in ihm nicht einen mittelmäßigen, sondern höchst genialen Fortführer der thomistischen Gedanken unter Heranziehung des Neuplatonismus im Sinne Augustins sah. Bei Eckhart sei es zu einer »synkretischen Verschmelzung« nicht nur von Augustin und Thomas, sondern auch von Platon, Aristoteles und eigener Gedanken gekommen. Den von Denifle vorgebrachten Verdacht des Pantheismus lehnte Karrer entschieden ab. Da Eckhart als Philosoph und auch als Theologe eine thomistische Auslegung Augustinischer Gedanken vertrete, könne seine Lehre nicht als pantheistisch oder pantheisierend bezeichnet werden. Gegen Denifle persönlich wandte Karrer ein, daß dieser wohl durch seine tiefgreifende Kenntnis der Scholastik Eckhart in sein wahres geistiges Milieu einreihen konnte, durch zu große Voreingenommenheit aber die Bedeutung des Mystikers als Prediger und

Philosoph verkennen mußte. Denifle selbst, so behauptete Karrer, habe später seine übereilte Abwertung Eckharts bereut und als verfehlt betrachtet.

Karrers Interpretationen stießen auf heftigen Widerstand, insbesondere von seiten der Anhänger eines strengeren Thomismus. Unter diesen ragte der Denifle-Schüler und spätere Prälat M. GRABMANN hervor, der sein Leben lang an der Auslegung seines Lehrers festhielt; auch der Franzose THÉRY wehrte sich dagegen, daß Karrer aus Meister Eckhart einen Thomisten machen wollte. Er ordnete den Meister einer Gruppe zu, die einen averroistischen Aristotelismus vertrat, deren Lehren 1277 als ketzerisch verdammt worden waren und deren geistigen Führer Théry in Siger von Brabant sah. Karrer wiederum bestritt dies; so kam es in der Folge zu einer heftigen, sich über mehrere Jahre hinziehenden Auseinandersetzung über Eckharts Seinslehre, in die sich auch B. GEYER, J. KOCH und P. BROWE einmengten, ohne daß es dabei zu einer befriedigenden Lösung kommen konnte.

An die von Karrer vorgezeichnete Richtung anschließend, bemühte sich auch der Philosophiehistoriker Alois DEMPF um eine katholische Rehabilitierung Meister Eckharts. Er versuchte, die Einheit des Eckhartischen Werkes als christliche Dialektik darzustellen (»Meister Eckhart. Eine Einführung in sein Werk« 1934) und meinte, daß es sich bei dem Mystiker um einen genialen, aber eigene Wege gehenden Schüler des hl. Thomas handelte, einen Dialektiker, der von seinem Lehrer ausgehend ein gewaltiges System des Supernaturalismus und der Identitätsphilosophie entwickelte. — Für ein neues katholisches Eckhartbild setzte sich auch die Karrer-Schülerin Herma PIESCH ein. Sie bemühte sich vor allem, den Beweis zu erbringen, daß Eckharts umstrittene Lehre von der Gottsohnschaft des Menschen und der Gottesgeburt in der Seele identisch sei mit der traditionellen katholischen Auffassung von der Gottkindschaft durch die Gnade.

Es kann nicht verwundern, daß die Bemühungen dieser katholischen Forscher um ein neues Eckhartverständnis nicht ohne Widerspruch von seiten der Protestanten blieben. In einer Zeit, in der jeder seinen Anteil an Meister Eckhart beanspruchte, wollten auch diese nicht zurückstehen, besonders als die Arbeiten von Karrer, Dempf und Piesch dazu führten, daß Meister Eckhart von der katholischen Kirche quasi offiziell anerkannt wurde. Die protestantischen Forscher wandten sich heftig gegen die katholischen ›Apologeten‹ des Dominikaners und bezeichneten deren Studien als „unhaltbare Rettungsversuche“ (E. Benz, in: ›ZfKG‹ 57, 1938, S. 584), da man Eckhart, dessen Konflikt mit der Kirche ein grundlegender gewesen sei, mit einer thomistischen Ethik nicht beikommen könne (vgl. BORNKAMM, in: »Eckhart und Luther«, 1936, S. 40). In liberalen protestantischen Kreisen hielt sich die Überzeugung, daß Eckhart ein direkter Vorfahre der Reformation gewesen sei. Man wies mit Nachdruck auf die Vorliebe Luthers für Tauler und die »Theologia deutsch« hin und wollte diese nur als Bindeglieder zwischen Meister Eckhart und Luther sehen. Auf konservativer protestantischer Seite stieß die Beschäftigung mit Eckhart und der Mystik auf Ablehnung, z. B. bei A. RITSCHL und K. HOLL. Auch A. HARNACK hatte schon früher eine protestantische Inanspruchnahme der Mystik mit der Behauptung abgelehnt, daß diese eine speziell katholische Ausprägung individueller Frömmigkeit und dem evangelischen Glauben prinzipiell wesensfremd sei (»Lehrbuch der Dogmengeschichte«, Bd. 3, 1910, S. 433).

Während man sich so bemühte, Meister Eckhart einer spezifischen ideologischen oder religiösen Richtung zuzueignen und er in der Folge als Katholik legitimiert, zum Frühprotestanten deklariert und als »Verkünder urdeutschen Wesens« im Volk gefeiert wurde, bahnte sich das für die moderne Eckhartforschung wesentlichste Ereignis an: *die Gesamtausgabe der deutschen und lateinischen Werke.*

Dieses monumentale Unternehmen wuchs aus der allgemeinen Forderung nach einer zuverlässigen Textgrundlage der Werke Meister Eckharts. Was der Wissenschaft bis dahin zur Verfügung stand, waren (neben den oft nur schwer zugänglichen Handschriften) die Pfeiffersche Ausgabe, die 1924 als unveränderter Neudruck wieder aufgelegt worden war, sowie eine Anzahl kritischer Einzelausgaben der dt. und lt. Schriften.

Für den Nichtphilologen sah die Situation noch trüber aus als für den Fachmann, da er sich nur auf die fragwürdige Übersetzungen des angezweifelten Pfeiffer-Buches stützen konnte. Verschiedene Wissenschaftler hatten im Laufe der Jahre die Herausgabe der gesamten Werke angekündet, doch mußten sie alle bald erkennen, daß ein derartiges Unternehmen zu gewaltig für einen einzelnen war. O. Karrer versuchte der mißlichen Lage mit einer Übergangslösung abzuhelfen, indem er Auszüge aus den wichtigsten Schriften in neuhochdeutscher Übersetzung zu einem Textbuch zusammenfügte und mit einem gründlichen wissenschaftlichen Apparat und Kommentar versah (»Meister Eckhart. Das System seiner religiösen Lehre und Lebensweisheit«, 1926).

Als schließlich die Einsicht sich durchsetzte, daß die Ausgabe des gesamten Eckhart-Kanons nur durch Teamarbeit zustande kommen könne, erhob sich zuerst noch ein unerquicklicher Konkurrenzkampf zweier Fraktionen, bis schließlich diejenige, die sich um E. SEEBERG gruppierte, sich durchsetzen konnte. Seit 1936 erscheinen die Lieferungen dieser von der Deutschen Forschungsgemeinschaft geförderten Ausgabe bei Kohlhammer in Stuttgart.

Die deutschen Werke: Nicht mehr wegzudenken aus der Eckhartforschung ist der Name Joseph QUINTS. Seine Leistung kann nicht hoch genug eingeschätzt werden. Schon als junger Mann wurde er mit der Leitung der Textedition der deutschen Werke betraut. Die Herausgabe der bisher erschienenen Bände ist Quints alleiniges Verdienst, wenn auch M. SPAMER und M. PAHNKE bei anfänglichen Bibliotheksreisen behilflich waren. Diese Reisen erschienen notwendig, da man bei der neuen Ausgabe die gesamte handschriftliche Überlieferung berücksichtigen wollte, die vereinzelten »echten« sowie zahlreiche »Eckhartverdächtige« Handschriften jedoch in Deutschland, Österreich, der Tschechoslowakei und den Niederlanden verstreut waren.

Quint erkannte bald, daß die Echtheitsfrage der über 220 Handschriften (gegenüber 45 bei Pfeiffer genannten), die Eckhartische oder Eckhartisch klingende Predigten enthielten, ein beinahe unlösbares Problem darstellte. Er entschloß sich deshalb, unter Anwendung von weitgehend akzeptierten äußeren und inneren Echtheitskriterien, die Predigten nach dem Sicherheitsgrad ihrer Echtheit zu ordnen. Als sicherster Beweis der Echtheit galt Quint ein Übereinstimmen des Inhalts einer Predigt mit den in den Unterlagen zum Eckhartprozeß befindlichen, ins Lateinische übersetzten Exzerpten aus Eckharts Schriften, wobei auch die »Rechtfertigungsschrift« und das Avignoneser Gutachten herangezogen wurden. Die Predigten, die diesem Kriterium Genüge leisten konnten, stehen an erster Stelle der neuen Ausgabe. Ihnen folgen jene Predigten, bei deren Echtheitsbeweis sich der Herausgeber auf inhaltliche Übereinstimmung mit den lateinischen Schriften, deren Authentizität gesichert ist, berufen konnte. Besondere Berücksichtigung fanden hier die Predigten mit stark spekulativ-philosophischem und theologischem Inhalt, die in ihrer ursprünglichen Formulierung oft schwer verständlich, unter Zuhilfenahme der Sermones aber wesentlich klarer und logischer erscheinen.

Bei der Herstellung des kritischen Texts der deutschen Predigten und Traktate konnte sich Quint nur in beschränktem Ausmaß auf die Vorarbeit anderer stützen, doch hatte er selbst in seinem 1932 erschienenen Buch über die Überlieferung der deutschen Predigten eine für die weitere Arbeit wertvolle Grundlage geschaffen. Die Frage des zu verwendenden Dialekts erwies sich als sehr schwierig, da Eckharts Predigten in allen deutschen Dialekten nieder- bzw. ausgeschrieben worden waren. Um keinen »Sonderdruck für Philologen« zu schaffen, entschied sich Quint für einen redigierten Text in einem normalisierten oberdeutschen Mittelhochdeutsch, ein Entschluß, der nicht nur in Deutschland begrüßt wurde.

Die einzelnen Predigten und Traktate stattete der Herausgeber mit umfangreichen Vorbemerkungen aus, die über handschriftliche Überlieferung, Echtheit, Filation der Hss., sowie über frühere Ausgaben und Übersetzungen Auskunft erteilen. Dazu kommen ausführliche Anmerkungen, im Falle der deutschen Predigten ein dreifacher Apparat, und genaue Übersetzungen sowie ein Sachwortkatalog. Bedenkt man die Schwierigkeiten, gegen die Quint von Anfang an zu kämpfen hatte, so wird beim Studium der bisher erschienenen Bände der deutschen Werke deutlich, daß es sich dabei um eine ganz vorzügliche Textedition handelt.

Die lateinischen Werke: Im Gegensatz zu den dt. Werken, bei denen der Herausgeber eine fast unübersehbare Menge an Handschriften zu berücksichtigen hatte, bestand die Schwierigkeit bei der Bearbeitung der lat. Werke in der Spärlichkeit der handschriftlichen Überlieferung. Bis 1961, als T. KAEPPELI in Köln eine neue Hs. mit Eckhart-Exzerpten auffand, konnte man sich nur auf vier Sammelhandschriften des Meisters stützen (vgl. S. 25 f.). Ansonsten wurde die Aufgabe der Herausgeber dieser Abteilung aber wesentlich erleichtert durch die Tatsache, daß die Echtheit der vorliegenden Schriften nie in Frage stand. Da alle fünf Hss. in einem einheitlichen mittelalterlichen Latein abgefaßt sind, gab es auch kein Dialektproblem. Schwierig gestaltete sich jedoch die Ausgabe der Sermones, da es sich dabei nicht um ausgearbeitete Predigten, sondern um Material- und Gedankensammlungen handelt.

Das Hauptanliegen der Eckhartforschung der letzten vierzig Jahre bestand darin, philologisch exakte Textgrundlagen zu schaffen, um von diesen aus ein echtes Verständnis Meister Eckharts zu ermöglichen. Neben dieser grundsätzlichen Aufgabe bemühten sich die Philologen unter Zuhilfenahme der neuesten sprachwissenschaftlichen Methoden darum, die Bedeutung des Mystikers vom *Sprachlichen* her zu bestimmen. An Untersuchungen über die mystische Sprache im allgemeinen und über Meister Eckharts Sprache insbesondere hat es nie gemangelt, doch kommt den älteren Studien keine oder nur wenig Bedeutung zu, da sie entweder methodisch veraltet sind oder sich auf ungesicherte Textgrundlagen beziehen. Viele von den neueren Untersuchungen hinwieder gingen von der für die Normalsprache zwar gültigen Voraussetzung aus, daß erst das Wortgefüge, der Satz und die Satzkette dem einzelnen Wort seinen Sinn geben, versäumten es jedoch, die Mehrdeutigkeit der mystischen Sprache in Betracht zu ziehen. Daher sind auch verschiedene der erst in den letzten Jahren erschienenen Studien wertlos.

Den richtigen Weg scheint QUINT bereits 1927 gegangen zu sein, indem er über die terminologische Deutung hinaus die Eckhartischen Sprach- und Stileigentümlichkeiten aus dem Verständnis der gesamtgeistigen und seelischen Welt des Meisters deutete (vgl. »Die Sprache Meister Eckharts als Ausdruck seiner mystischen Geisteswelt«, in: DVjs 6, 1928, S. 671—701). Quint sieht in Eckhart keinen »mystischen Scholastiker« wie z. B. Denifle, sondern einen »scholastischen Mystiker«, der in wichtigen Punkten mit dem hl. Thomas übereinstimmt, jedoch von einem neuen, gotischen Weltgefühl gelenkt über das statische Begriffsvermögen der Scholastik hinausstrebt, um die unio mystica, das Einswerden der Seele mit Gott, auf dem Wege des Erkennens, von Quint als »Denk-Schauen« bezeichnet, zu erreichen. Neu ist bei Meister Eckhart nach Quint nicht so sehr das Was als das Wie der Aussage. Eckharts Seinsspekulation erscheint ihm als ein grandioser Versuch, dem Unsagbaren ein sprachliches Gewand zu verleihen, ein fortwährendes Ringen, um aus der Enge der begriffsgebundenen Sprache einen Denkstil freizulegen und das auszudrücken, was er selbst als unausdrückbar verspüren mußte. Daher kommt es bei Meister Eckhart zu einer »Entkonkretisierung des Wortschatzes« und zur gehäuften Verwendung von solchen Stilmitteln wie Variation, Häufung, Antithese, Hyperbel und Steigerung, besonders aber der Paradoxie, in der Quint »die adäquateste Denk- und Aussageform des spekulativen Meisters« sieht (vgl. »Mystik und Sprache«, in: DVjs 27, 1953, S. 76). Was Denifle früher als verwirrte und langweilige Wiederholung bezeichnete, gewinnt so in neuerer Sicht eine ganz gegenteilige Bewertung. Nicht intellektuelles Unvermögen, sondern ein bewußter, genialer Kampf gegen die sprachlichen Mittel führte Meister Eckhart zu seiner stilistischen Eigenart, dem wiederholten Umkreisen mit neuen und ähnlichen Worten eines als Einzelbegriff nicht zu beschreibenden Gedankenbildes.

Für Quint ist Meister Eckhart der »gewaltigste Sprachschöpfer deutscher Zunge, der die Spur seiner Erdentage bis heute deutlich und unverwischbar in der von ihm gewaltig gesteigerten deutschen Sprache hinterlassen hat« (DVjs 27, 1953, S. 76). Gegen eine derartige Einschätzung der sprachlichen Leistung des Mystikers warnen freilich so ausgezeichnete Kenner der spätmittelalterlichen Literatur wie W. STAMMLER und K. RUH, wobei besonders letzterer darauf hinweist, daß verschiedene von Meister Eckhart benutzte und den Anschein der Neuartigkeit erweckende Wortformen schon vor der Mystik verwendet wurden (vgl. JEGPh 48, 1949, S. 16 f.).

Erforschung der philosophischen und theologischen Quellen. Je besser die Textgrundlagen für das Studium Meister Eckharts wurden, um so mehr kam man in den philosophischen und theologischen Untersuchungen, die neben den philologischen unternommen wurden, davon ab, in dem Mystiker vor allem einen genialen Neuerer sehen zu wollen. Man bemühte sich nun, zu den Quellen des Meisters vorzudringen und ihn in das richtige geistige Milieu einzureihen, aus dem heraus er seine Lehre gestaltete. Daß es dabei zu kontroversen Resultaten kam, verwundert nicht.

So wurde z. B. H. Ebeling seiner historischen, objektiven Methodik wegen angegriffen, mit deren Hilfe er Meister Eckhart als einen reinen Neuplatoniker, der die franziskanisch-skotistische Thomaskritik neuplatonisch überwinden wollte, zu klassifizieren versuchte (»Meister Eckharts Mystik, Studien zu den Geisteskämpfen um die Wende des 13. Jahrhunderts«, Stuttgart, 1941). Es bestätigt sich indes immer mehr, daß die populäre Ansicht, die in Meister Eckhart einen vom traditionellen mittelalterlichen Gelehrtentyp grundverschiedenen Mann sehen wollte, eher auf Mutmaßungen als auf Tatsachen beruhte.

Gleichzeitig mit dem Interesse für die von Meister Eckhart gelesenen Autoren begann man auch wieder sein Verhältnis zur neuzeitlichen Philosophie zu untersuchen. Aus der Unzahl der nichtssagenden vergleichenden Studien, die mit besonderer Vorliebe auf Ähnlichkeiten zwischen Eckhart und Luther, Hegel, Fichte und Goethe eingehen, ragen nur wenige als lesenswert hervor. Einträglicher hingegen sind die Arbeiten, die auf Einzelprobleme der Lehre Eckharts eingehen, sowie jene, die auf eine Gesamtdeutung des Eckhartischen Gedankengutes hinzielen. Erwähnt sei die überaus kluge Arbeit von Käte Oltmanns, die Meister Eckharts Lehre mit den Begriffen der Heideggerschen Existenzphilosophie angeht und dabei zu neuartigen, um nicht zu sagen revolutionären und deshalb heftig umstrittenen, Ansichten gelangt.

Zu einer befriedigenden Synthese der sich oft diametral gegenüberstehenden Auffassungen von Meister Eckharts System oder Lehre ist es einstweilen noch nicht gekommen. J. Quint meint, daß es dazu auch nicht kommen könne, weil sein Ideengut zu vieldeutig sei und wir uns noch zu entfernt von einer sicheren Bestimmung seines geistigen Ortes befänden (»Meister Eckhart«, 1955, S. 22 f.). Ein großer Schritt vorwärts scheint jedoch A. Dempf gelungen zu sein, der über seine früheren Untersuchungen hinaus zu einer umfassenden Darstellung der Mystik und Metaphysik Meister Eckharts gelangte (»Meister Eckhart«, 1960). Jedenfalls läßt die kühlere, distanziertere Art der heutigen Eckhartforschung die Hoffnung zu, daß nach Abschluß der Editionsarbeit bald ein konkretes Bild der Grundanschauungen dieses großen Denkers zustande kommen wird. Die wichtigste Aufgabe der Forschung besteht mittlerweile nach wie vor darin, das umfangreiche Material kritisch zu sichten und die komplizierte Echtheitsfrage und Datierung so vieler Eckhart-Werke zu lösen, ein Unterfangen, das durch neue Hs-Funde nur gefördert werden kann.

Literatur:

Philosophisch-theologische Untersuchungen: E. v. Bracken: M. E. als Philosoph, in: DVjs 24, 1950, S. 32—52; H. Ebeling: M. E's Mystik. Studien zu den Geisteskämpfen um die Wende des 13. Jahrhunderts, 1941 (dazu: H. Bornkamm, in: ThLZ 69, 1944, S. 122—126; W. Grebe, in: BdPh 18, 1944, S. 187—195; E. Reffke, DLZ 64, 1943, S. 345—350); M. de Gandillac: La „Dialectique" de Maître Eckhart, in: La mystique rhénane; S. Hampe: Der Begriff der Tat bei M. E., 1926. E. Härlen: Zur Ontologie von M. E., Diss. Tübingen, 1924; R. Heidrich: Das theologische System des M. E., 1864; L. Hödl: Metaphysik und Mystik im Denken des M. E., in: ZfkTheol 82, 1960, S. 257—74. J. Koch: Zur Analogielehre M. E's, in: Mélanges E. Gilson, 1959 (ebenso in Ruh, Mystik, S. 275—308); J. Kopper: Die Metaphysik M. E's. Eingel. durch eine Erörterung der Interpretation, 1955; W. Preger: Ein neuer Traktat M. E's und die Grundzüge der Eckhartischen Theosophie, in: ZfhistTh 34, 1864, S. 163—204; J. Seyppel: Das Willensproblem bei M. E., in: ZfdPh 83, 1964, S. 307—20; A. Staudenmair: Die Lehre von der Idee. In Verbindung mit einer Entwicklungsgeschichte der Ideenlehre und der Lehre vom göttl. Logos, 1840 (über Eckhart S. 640 ff.); K. Weiss: M. E's philosophische und theologische Authoritäten, in: Studia Theol. 21, 1967, S. 13—19; ders.: M. E's Stellung innerhalb der theol. Entwicklung des Spätmittelalters, in: Studien der Luther-Akademie, NF 1, 1953; B. Welte: M. E. als Aristoteliker, in: Philosophisches Jb. 69, 1961/62, S. 64—74.

Zur Schriftauslegung Meister Eckharts: J. Koch: Sinn und Struktur der Schriftauslegungen, in: Eckhart-Festschr., 1960, S. 73—103; K. Weiss: Die Hermeneutik des M. E., in: Studia Theologica: Scandinavian Journal of Theology 21, 1967, S. 1—12; ders.: M. E's biblische Hermeneutik, in: La Mystique rhénane, S. 95—108; E. Winkler: Exegetische Methoden bei M. E., 1965.

Forschungsberichte, Forschungsstand, Hs.-Funde: Die detaillierteste und ausführlichste Übersicht über die bisherige Eckhartforschung bietet I. Degenhardt: Studien zum Wandel des Eckhartbildes, 1967; H. Bleienstein: Der gegenwärtige Stand der Eckhartforschung, in:

Zeitschr. f. Aszese und Mystik 2, 1927, S. 277 ff.; K. BRETHAUER: Texte aus dem Umkreis M. E's im Haag, in: ZfdA 92, 1963, S. 158 bis 164; P. BROWE: Die neueren Eckhart-Forschungen, in: Scholastik III, 1928, S. 557—71; G. FISCHER: Die Wiederentdeckung der Mystiker im 19. Jh., 1931; H. FISCHER: Der jetzige Stand der Eckhartausgabe, in: Scholastik 31, 1956, S. 90—95; DERS.: M. E. Bemerkungen zu einigen neueren Büchern, in: Geist und Leben 32, 1950, S. 67 bis 74; B. GEYER: Zur Eckhart-Forschung, in: Theol. Rev. 28, 1929, S. 241—47; M. GRABMANN: Neue Eckhart-Forschungen im Lichte neuer Eckhart-Funde, in: Divus Thomas 5, 1927, S. 74—96; DERS.: Neuaufgefundene lateinische Werke deutscher Mystiker, in: MSb 3. Abh., 1922; T. KAEPPELI: Eine Kölner Handschrift mit lateinischen Eckhart-Exzerpten, in: AFP 31, 1961, S. 204—212; O. KARRER: Eigenbericht über neue Eckehartforschungen, in Hoffmanns liter. Ber. aus dem Gebiet d. Philos., 1926, S. 16—27; J. KOCH: Neue Erscheinungen über M. E., in: Theol. Rev. 26, 1927, S. 414—22; E. KRAMM: M. E. im Lichte der Denifleschen Funde, in: Jahresber. d. Königl. Gymn. z. Bonn 400, 1889, S. 1—24; M. T. MORREALE: Per la storia della fiologia echartiana, 1961; M. PAHNCKE: Kleine Beiträge zur Eckhartsphilologie, in: 34. Jahresber. d. Gymn. s. Neuhaldensleben, 1909, S. 1023; DERS.: Eckehartstudien. Texte und Untersuchungen, in: Beilage zum 38. Jahresber. d. Gymn. z. Neuhaldensleben, 1913; A. PUMMERER: Der gegenwärtige Stand der Eckhart-Forschung. Teil 1: M. E.s Lebensgang, 1903 (2. Teil 1913); J. QUINT: Die gegenwärtige Problemstellung der Eckehartforschung, in: ZfdPh 52, 1927, S. 271—288; DERS.: Die Überlieferung der Deutschen Predigten M. E's. Textkritisch untersucht, 1932; DERS.: Eine unbekannte echte Predigt M. E's, in: ZfdPh 63, 1938, S. 358—61 und 363—64; DERS.: Neue Handschriftenfunde zur Überlieferung der deutschen Werke M. E's und seiner Schule. Ein Reisebericht, 1940 (zugleich Bd. 1 der 3. Abt. der Gesamtausgabe d. Werke); DERS.: Neue Funde zur handschriftlichen Überlieferung M. E's in: Beitr. z. Gesch. d. dt. Sprache und Literatur 82, S. 352—384; DERS.: Fundberichte zur handschriftlichen Überlieferung der dt. Werke M. E's und anderer Mystikertexte, 1969 (2. Bd. der 3. Abt. der Gesamtausgabe der Werke); H. ROOS: Neuere M. E.-Literatur, in: Orbis litterarum 12, 1957, S. 79—84; K. RUH: Altdeutsche Mystik. Ein Forschungsbericht, in: Wirkendes Wort 7, 1957, S. 135 ff., 212 ff.; E. SALZER: Il maestro Eckhart nella critica tedesca contemporanea, in: Rivista di Filosofia Neo-Scholastica 31, 1939, S. 136—144; T. SCHALLER: Zur Eckhart-Deutung der letzten dreißig Jahre, in: Freib. Zschr. 16, 1969, S. 22—39; DERS.: Die M. E.-Forschung von der Jahrhundertwende bis zur Gegenwart, in: Freib. Zschr. 15, S. 262—316; E. SEEBERG: Die verlorene Handschrift. Zur Geschichte der M. E.-Ausgabe, in: Nationalsozialistische Monatshefte 8, 1937, S. 408—421; M. SKUTELLA: Zur philol. Eckhart-Forschung, in: PBB 54, 1930, S. 451—476 und PBB 56, 1932, S. 138—145; A. SPAMER: Zur Überlieferung der Pfeiffer'schen Eckharttexte, in: PBB 34, 1909, S. 307—420; G. THÉRY: Le développement historique des

Études eckhartiennes, in: La Vie Spirituelle, Supplement, 1948, S. 304—337; J. v. WALTER: M. E. im Kreuzfeuer neuzeitlicher Weltanschauungskämpfe, in: Zeitwende 12, 1936, S. 233—241; K. WEISS: Der heutige Stand der Eckhart-Forschung, in: Christentum und Wissenschaft 10, 1934, S. 408—421.

Sprachwissenschaftliche, terminologische und stilistische Untersuchungen: K. BERGER: Der Ausdruck der unio mystica im Mittelhochdeutschen, 1935; K. BRETHAUER: Die Sprache M. E's im »Buch der göttlichen Tröstung«, 1931; J. CREAN: „bilden/bielden" in the Writings of Eckhart and Ruusbroec, in: ZfdSpr. 25, 1969, S. 65—95; R. FAHRNER: Wortsinn und Wortschöpfung bei M. E., 1929; W. FRÜHWALD: Formzwang und Gestaltungsfreiheit in M. E's Predigt »VeM«, in: Festschr. H. Kunisch, 1961; H. W. HAGEN: Mystische Weltanschauungsform und ihr Ausdruck in der Stilgebung, in: ZfdPh 58, 1935, S. 117—140; G. v. HIPPEL: Licht und Finsternis in der Sprache M. E's. Eine Studie zu M. E., angeschlossen ein besonderer Vergleich mit Tauler und Seuse, Diss. Bonn, 1953; E. KRAMM: M. E's Terminologie in ihren Grundzügen dargestellt, in: ZfdPh 16, 1884, S. 1—47; H. KUNISCH: Das Wort ›Grund‹ in der Sprache der dt. Mystik. Diss. Münster, 1929; DERS.: Artikel ›Spätes Mittelalter‹, in: Maurer/Stroh, »Deutsche Wortgeschichte«, Bd. 1, 2. Aufl., 1959; J. MARGETTS: Die Satzstruktur bei M. E., 1969; U. NIX: Der mystische Wortschatz M. E's im Lichte der energetischen Sprachbetrachtung, 1963 (dazu: K. RUH, AfdA 75, 1964, S. 73 f. und Jos. QUINT, PBB Bd. 86, 1964, S. 401 ff.); E. NÜNDEL: Ein Kernwort M. E's: bilde, in: Wirkendes Wort 13, 1964, S. 141—47; E. OLTMANNS: Meister Eckhart, 1935 (Neuaufl. 1957) (dazu: E. BENZ, ZfKG 57, 1938, S. 579—581; O. KARRER, Schweizer Rundschau 35, 1935, S. 405 f.); B. PETERS: Der Gottesbegriff M. E's. Ein Beitrag zur Bestimmung der Methode der Eckhartinterpretation, 1936; J. QUINT: Die Sprache M. E's als Ausdruck seiner mystischen Geisteswelt, in: DVjs 6, 1928, S. 671—701; DERS.: Mystik und Sprache, in: DVsj 27, 1953, S. 48—76; R. RATTKE: Abstraktionsbildungen auf -heit bei M. E., Diss. Jena, 1906; K. RUH: Bonaventura deutsch, 1956, S. 38 ff.; W. SCHANZE: M. E's ›Buch der göttlichen Tröstung‹ schallanalytisch untersucht und erklärt, Diss. Leipzig, 1922; B. SCHMOLD: Die deutsche Begriffssprache M. E's, 1964; DERS.: Die Termini der Abstrakta im Wortschatz M. E's, Diss. Heidelberg, 1953; T. SCHNEIDER: Der intellektuelle Wortschatz M.E's, 1926/27; L. SEPPÄNEN: Studien zur Terminologie des Paradisus anime intelligentis, 1964; W. STAMMLER: Von mittelalterlicher Prosa. Rechenschaft und Aufgabe, in: JEGPh 48, 1949, S. 16 f.; G. STÖTZEL: Zum Nominalstil M. E's. Die syntaktischen Funktionen gramm. Verbalabstrakta, in: Wirkendes Wort 16, 1966, S. 289—309; I. UDERT-LAMPKA: Die ›Paradoxie‹ bei M. E. und in der Eckhart-Literatur. Erneute Betrachtungen des Eckhartischen Sprachgebrauchs, Diss. Freiburg, 1962; L. VÖLKER: Die Terminologie der myst. Bereitschaft in M. E's deutschen Predigten und Traktaten, Diss. Tübingen, 1964; I.

Weithase: Die Pflege der gesprochenen deutschen Sprache durch Berthold v. Regensburg, M. E. und Joh. Tauler, in: Festschrift Hermann Aug. Korff, 1957, S. 46—75; J. Zapf: Die Funktion der Paradoxie im Denken und sprachl. Ausdruck bei M. E., Diss. Köln, 1966.

Geistesgeschichtliche und komparatistische Untersuchungen: W. Achelis: Über das Verhältnis M. E's zum Aeropagiten Dionysius. Unveröffentl. Diss. Marburg, 1922; J. Sanchis Alventosa: La escuela mistica alemana y sus relaciones con nuestros misticos del siglo de oro, 1946; A. Auer: Johannes von Dambach und sein Verhältnis zum Liber Benedictus des M. E., in: BGPhMA 37, 1—2, 1928, S. 342 bis 345; J. Clark: C. G. Jung und M. E., in: Modern Language Review 54, 1959, S. 239—44; P. Chapin: Sense Images for Poetic Experience in the Works of M. E., Diss. California (Berkeley), 1969; J. E. Crean: Mystical „Schauen" in M. E. and Jan van Ruusbroec, in: Monatshefte 62, 1970, S. 37—44; A. Ehrentreich: Sechshundert Jahre nach dem Tode M. E's, in: Die Tat 19, 1928, S. 765—778; H. Fels: Dante und M. E., in: Dt. Dante-Jb. 27, 1948, S. 171—87; O. Folberth: M. E. und Laotse, 1925; B. Geyer: Albertus Magnus und M. E., in: Festschr. Jos. Quint, S. 121—26; M. Grabmann: Die Lehre des Jacob von Viterbo von der Wirklichkeit des göttlichen Seins. Beitrag zum Streit über das Sein Gottes zur Zeit M. E's, in: Philosophia Perennis (Festschr. f. Jos. Schlecht), 1930, S. 232 ff.; E. Härlen: Zur Ontologie von M. E., Diss. Tübingen, 1924; P. Heidrich: Maimunizitate bei M. E., Diss. Rostock, 1959; O. Karrer: Das Gotteserlebnis bei Augustinus und M. E., in: Köhler/Karrer: Gotteserfahrung und Gotteserlebnis bei Jeremia, Augustin und Eckhart, 1934; E. Lüders: ›Meister Eckharts Wirtschaft‹ und eine Stockholmer Hs. derselben, in: Studier i mod-språkv. 19, 1956, S. 85—124; B. Mauff: Der religionsphilos. Standpunkt der sog. Deutschen Theologie. Dargestellt unter vornehmlicher Berücksichtigung von M. E., Diss. Jena, 1890; E. Mugler: Die katholische Kirche und M. E., in: Mugler, Gottesdienst und Menschenadel, 1931; M. Müller: Das Seelenfünklein in M. E.'s Lehrsystem und die Stellungnahme der Skotisten, in: Wiss. u. Weish. 3, 1936, S. 169—216; ders.: M. E's Seelenlehre und ihr Verhältnis zur Scholastik, 1935; H. Müller-Eckhard: Die Mystik M. E's und der Bewußtseinszustand des 20. Jhs., Diskussionsbemerkungen zu den Eckhart-Aufsätzen von Schlötermann und Spann in H. 2 und 3 der Zschr. f. philos. Forschungen, in: ebnda., Heft 4, 1949/50, S. 402—11; K. Neumann: Die innere Verwandtschaft buddhistischer und christlicher Lehre. Zwei buddhistische Suttas und ein Traktat M. E's, 1891; E. Nündel: M. E. in Klasse II, in: Deutschunterricht 16, 1964, H. 5, S. 88—103; E. Ohmann: Gheraert Appelmans und M. E., in: Neuphil. Mitt. 70, 1969, S. 351—53; J. Politella: M. E. and Eastern Wisdom, in: Philosophy East and West 15, 1965, S. 117—133; M. E. A. Rudolph: M. E. und seine Geistesverwandten seit Leibniz, in: Zeitschr. f. Religionspsychologie 3, 1930, S. 162—183; H. W. Schomerus: M. E. und Manikka-Vãšagar, 1936; P. A. Stenberg: The Theme and

The Golden Age. A Study of M. E., Novalis, and Hofmannsthal, Diss. California (Berkeley), 1969; S. Ueda: Die Gottesgeburt in der Seele und der Durchbruch zur Gottheit. Die mystische Anthropologie M. E's und ihre Konfrontation mit der Mystik des Zen-Buddhismus, 1965; ders.: Über den Sprachgebrauch M. E's: „Gott muß..." Ein Beispiel für die Gedankengänge der spekul. Mystik, in: Festschrift E. Benz, 1967, S. 266—277; H. Waldenfels: Ein japanisches Eckhart Buch, in: Hochland 60, H. 2, S. 166—168; E. Wechssler: Deutsche und französische Mystik: M. E. und Bernhard von Clairvaux, in: Euphorion 30, 1929, S. 40—93; W. Zeller: M. E. bei Valentin Weigel, in: ZKG 57, 1938, S. 309—335; H. Zuchold: Des Nikolaus von Landau Sermone als Quelle für die Predigt M. E's und seines Kreises, 1905.

Meister Eckhart und Nikolaus von Kues: Verläßlich sind folgende Darstellungen: I. Degenhardt: Studien zum Wandel des Eckhartbildes, 1967, S. 50 ff.; E. Hoffmann: Gottesschau bei M. E. und N. v. Cues, in: Festschr. Heinr. Zangger, 1935, S. 1033—1045; J. Koch: N. v. Hues u. M. E. Randbemerkungen zu zwei in der Schrift ›De coniecturis‹ gegebenen Problemen, in: Mitteil. u. Forschungsbeitr. d. Cusanus-Ges. 4, 1964, S. 164—73; H. Wackerzapp: Der Einfluß M. E's auf die ersten philosophischen Schriften des N. v. K. (1440 bis 1450). Diss. Münster 1962 (hrsg. v. J. Koch in: BGPhMA 39,3).

Meister Eckhart und Luther: H. Bornkamm: Luther und M. E., in: Deutsche Theologie, 1, 1934, S. 105—118 und S. 154—166; ders.: Protestantismus und Mystik, 1934; ders.: Eckhart und Luther, 1936; F. Daab: Der Weg von M. E. zu Luther, in: Christliche Welt 49, 1935, S. 848—851; A. Dempf: Meister Eckhart, 1960, S. 130 ff.; F. Gebhardt: Untersuchungen über das Wesen des mystischen Grunderlebnisses. Ein Beitrag zur Mystik M. E's, Luthers und J. Böhmes, Diss. Greifswald, 1922; H. Lindemann: M. E. als Vorläufer evangelischer Grundsätze, in: Reformierte Kirchenzeitung 85, 1935, S. 188 f.; W. v. Loewenich: Von Augustin bis Luther, 1959; P. Meinhold: Luther und die deutsche Mystik mit besonderer Berücksichtigung M. E's, in: Die deutsche evang. Erziehung 46, 1935, S. 400—408; E. Seeberg: M. E. und Luther, in: Die Tatwelt 12, 1936, S. 3—16; M. Seidel: Meister Eckhart und wir Lutheraner, in: Allgem. evangl. luth. Kirchenzeitung 68, 1934, S. 565 ff.

Meister Eckhart und die Philosophie des 19. Jahrhunderts: E. Benz: Die Mystik in der Philosophie des deutschen Idealismus, in: Euphorion 46, 1952, S. 280—300; J. Bernhart: M. E. und Nietzsche, 1934; E. v. Bracken: M. E. und Fichte, 1943 (dazu: W. Ritzel, Zschr. f. philos. Forschungen 5, 1950/51, S. 299 ff.); H. Friese: Meister Eckhart. Ein Prophet des deutschen Idealismus, in: ZfDK 40, 1926, S. 386—394; A. Jonas: Der transcendentale Idealismus Arthur Schopenhauers und der Mysticismus des M. E., in: Philos. Monatshefte 2, 1868/69, S. 43—74; 161—196; E. Lichtenstein: Zur Entwicklung des

Bildungsbegriffes von M. E. bis Hegel, 1966; J. MÜHLENTHALER: Die Mystik bei Schopenhauer, 1910; E. L. SCHMIDT: Schopenhauer und die Mystik, 1909; T. STEINBÜCHEL: Mystik und Idealismus, M. E. und Hegel, in: Universitas 2, 1947, S. 1409—1423.

Register der im darstellenden Teil erwähnten geschichtlichen Personen

Agnes v. Ungarn 30
Albrecht I v. Österreich 30
Alfarabi 5
Albertus Magnus 5, 6, 30
Angelus Silesius 49
Aristoteles 61
Assisi, Franz v. 6
Augustin 4, 34, 37, 54, 61
Averroes 5
Avicebron 5
Avicenna 5

Bernhard v. Clairvaux 3, 6
Bonaventura 5
Bruno, Giordano 49

Dietrich v. Freiburg 6
Dionysius-Areopagita 4, 34, 54

Ekke 49

Fichte, Johann Gottlieb 67

Gerhard v. Steingassen 6
Goethe 67
Gonsalvus Hispanus 25
Groote, Geert 47

Hadewych, Suster 3
Hegel, G. W. F. 51, 52, 67
Heinrich v. Virneburg 18, 19
Hermann v. Summo 20
Hugo Riplin 30
Hugo v. St. Viktor 5

Johannes XXII, Papst 21
Johannes v. Steingassen 6

Kant, Emanuel 52

Konrad v. Halberstadt *20*

Luther 59, 63, 67

Maimonides, Moses 5, 34
Mechthild v. Magdeburg

Nietzsche, Friedrich 57
Nikolaus v. Kues 47, 49
Nikolaus v. Strassburg 6, 19

Ockham, Wilhelm 7, 21

Paracelsus 49
Peter Lombardus 34
Philip v. Ghent 25
Platon 61
Plotin 4

Richard v. St. Viktor 5
Rosenberg, A. 59, 60
Ruysbroec, Jan van 47

Schopenhauer, Arthur 57, 59
Scotus Eriugena 4, 30
Seuse, Heinrich 8, 18, 47, 48
Spinoza, Baruch 49

Tauler, Johannes 8, 18, 47, 48
Thomas v. Aquino 6, 7, 17, 30, 34, 55, 61, 65
Trithemius, Johannes 54

Ulricus Engelberti 30

Walther v. d. Vogelweide 52
Weigel, Valentin 49
Wilhelm v. Nidecken 20

Register zur wissenschaftlichen Literatur

(Kursiv gesetzte Zahlen verweisen auf den darstellenden Teil)

Achelis, T. 11, 70
Albrecht, E. 45
Ancelet-Hustache, J. 9, 22
Appel, H. 10
Auener, W. 11
Auer, A. 70

Baader, F. v. 52
Bach, J. 13, *48*, *53*
Baeumker, C. 9, 10
Bange, W. 44
Bascour, H. 27
Baumgardt, D. 10
Baumgartner, A. 13
Bebermeyer, G. 13
Behagel, O. 56
Beierwaltes, W. 10
Benary, E. 13
Benz, E. 9, 10, 13, 26, 44, *62*, 70, 72
Berger, K. 12
Bernhart, J. 9, 10, 11, 28, 33, *40*, 72
Bertin, G. M. 9
Beyschlag, S. 11
Bihlmeyer, K. 48
Bindschedler, M. 10, 44, 45
Bizet, J. A. 10, 11, 28
Blakney, B. 29, 33
Bleienstein, H. 68
Boeckl, K. 10
Böhmer, E. 13
Böhringer, F. 9
Bolza, O. 44
Bornkamm, H. *63*, 68, 72
Bracken, E. v. 67, 72
Bremond, H. 13
Brethauer, K. 13, 68, 69
Browe, P. *62*, 68
Büttner, H. 29, 31, 33, *57 ff.*

Chapin, P. 70
Cheney, S. 9
Christ, K. 26
Chuzeville, J. 9
Clark, J. 13, *18*, *21*, 22, 28, 29, 33, 70 (s. Skinner)
Clemen, C. 3
Clemen, O. 9
Crean, J. 69, 70
Cruel, R. 9

Daab, F. *72*
Daniélou, J. 10
Daniels, A. 23, 27, *60*
David-Windstosser, M. 12
Decker, B. 26
Degenhardt, I. vi, 23, 49, *58*, 68, 71
Delacroix, H. 9, 10
Delbos, V. 3
Dempf, A. *2*, *7*, 9, 10, 13, *17*, 22, 49, *62*, *67*, *72*
Denifle, H. S. 9, 10, 22 ff., 33, 44, *53 ff.*, *61*, *65*, *66*
Deutsch, S. M. 13
Diederichs, E. 28, 45
Dietsche, B. 46
Dolch, W. 49
Drees, W. 11

Ebeling, H. *67*, 68
Echard, J. *51*
Ehrentreich, A. 44, 70
Emundts, H. 32
Escherich, M. 12
Evans, C. de B. 33

Fahrner, R. 69
Fels, H. 71
Fischer, H. 13, 44, 68
Folberth, O. 71
Friese, H. 72
Frühwald, W. 45, 69

Gandillac, M. de 10, 68
Gebhardt, F. 72
Gehring, R. 12
Gerhardt, H. A. 44

Geyer, B. 13, 26, 27, 44, 46, 62, 68, *71*
Gilson, E. 9, 10
Goldhammer, K. 12
Golther, W. 11
Gonzales-Haba, M. 44
Grabmann, M. 3, 9, 11, 12, 27, 46, *61*, *62*, 68, 71
Grabs, R. 13
Graedener, H. 13
Grebe, W. 14
Greith, K. 9
Grimm, J. *56*
Grundmann, H. 9, 11, 14

Haacke, M. 44
Haas, A. 44
Härlen, E. 68, 71
Hagen, H. W. 12, 69
Hampe, S. 68
Hammerich, J. 31
Hanel, A. 14
Harnack, A. 9, *63*
Hartmann, F. 44
Hauck, A. 9, 14
Hederer, E. 13
Heer, F. 33
Heidrich, R. 68, 71
Heimsoeth, H. 9
Heussi, K. 14, 22
Hintze, E. 13
Hippel, G. v. 69
Hirschberger, J. 10, 14
Hof, H. 46
Hoffmann, E. 10, 71
Holl, K. *63*
Hornstein, X. de 9, 14, 22
Hüfner, A. 23
Huizinga, J. 11

Inge, W. R. 3
Ivanka, E. v. 10

Jonas, A. *72*
Jostes, F. 32
Jundt, A. 9, 14
Junker, P. 44
Jürgens, H. 14

Kaeppeli, T. 22, 23, 26, 27, *65*, 68
Kalthoff, L. 13
Karrer, O. 12, 14, 23, 44, 45, 49, *60 ff.*, 68, 70, 71
Kelley, P. 11, 45
Kertz, K. 45
Klein, W. 45
Klibansky, R. 27
Koch, J. 2, 9, 10, 14, *16 ff.*, *25*, 26, *30*, 45, 50, *62*, 68, 71
Koepp, W. 9
Kopper, J. 68
Kramm, E. 14, 69, 70
Krebs, E. 14
Kuhn, H. 11
Kunisch, H. 12, 45, 70

Lachmann, K. *56*
Landauer, G. 33
Langenberg, R. 50
Lasson, A. 14, *53*, *57*
Laurent, M. H. 23
Lehmann-Borby, W. 14
Lercher, L. 3
Leyen, F. v. d. 29
Lichtenberger, H. 9
Lichtenstein, E. 72
Lindemann, H. 72
Linsenmann, F. X. 46, *53*
Löhr, G. 11, 22
Longpré, E. *27*, *61*
Löwenich, W. v. 14, 72
Lücker, M. A. 46, 50
Lüders, E. 71
Lüers, G. 11
Lütolf, A. 23

Mahnke, D. 9
Margetts, J. 70
Martensen, H. 14, 53
Marx, J. 26
Masson, Y. E. 3
Mauff, B. 71
Meerpohl, R. *1*, 46
Meersseman, G. *25*
Mehlhorn, P. 9
Meinhold, P. 72

Mensching, G. 11, 46
Messer, H. 45
Meyer-Erlach, W. 14
Mieth, D. 45
Morreale, M. T. 69
Mühlenthaler, J. 72
Müller, G. 9, 10, 44
Müller, M. 46, 71
Müller-Eckhard, H. 71
Mugler, E. 71
Muschg, W. 9, 12

Nadler, J. 11
Naumann, L. 9
Neumann, K. 71
Nix, U. M. 12, 45, 70
Noack, L. 9
Nündel, E. 70, 71

Öchslin, R. L. 45
Oehl, W. 12
Ohmann, E. 71
Oltmanns, K. 14, *67*, 70
Otto, R. 3, 10, 45

Pahncke, M. *29*, 32, 45, 46, *56*, *64*, 69
Pelster, F. 61
Peltzer, A. 13
Peters, B. 45, 70
Petit, P. 29, 33
Petry, R. C. 10, 11
Pfeiffer, F. 12, *29*, 32, *52*, *56*
Pieller, G. 12
Piesch, H. 14, 23, 46, *60*, *62*
Plotzke, U. 46
Politella, J. 71
Pourrat, P. 10
Preger, W. 14, *19*, 23, *53*, *56*, 68
Pummerer, A. 69

Quétif, J. *51*
Quint, J. 10, 12, 14, *17*, *27 ff.*, 40, *64 ff.*, 69, 70

Rahner, K. 45
Rattke, R. 70
Raynaldus, O. 23, *51*
Reffke, E. 22, 45, 68
Richstätter, K. 10
Rieger, M. 15
Rintelen, F. J. v. 45
Ritschl, A. *63*
Ritzel, W. 72
Roloff, I. 29
Roos, H. 46, 69
Rosenberg, A. 59, 60
Rosteutscher, J. H. W. 10
Rudolph, M. E. A. 71
Ruh, K. 10, 11, *66*, 69, 70

Salzer, E. 69
Sanchis-Alventosa, J. 70
Sauer, J. 13
Schär, H. 11
Schäfer, E. 29
Schaller, T. 69
Schanze, W. 70
Schellenberg, E. L. 10
Scheeben, Ch. H. 13
Scherer, S. 56
Schlötermann, H. 15
Schmidt, C. 10, 15, *53*
Schmidt, E. L. 72
Schmold, B. 70
Schneider, H. 11
Schneider, T. 70
Schmuck, J. 12
Schomerus, H. W. 71
Schreyer, L. 10, 12, 45
Schulze-Maizier, F. 12, 28, 31, 33
Schultz, W. 46
Schuster, E. 45
Schwamborn, G. 23
Schwarz, H. 10, *58*, *59*
Schwietering, J. 11
Seeberg, E. 15, 26, *63*, 69, 72
Seidel, M. 72
Seppänen, L. 13, 70
Seyppel, J. 68
Sievers, E. 32
Silberer, H. 13
Skinner, J. V. (mit Clark, J. M.) 28, 29, 33
Skutella, F. 32, 69

Spamer, A. 10, 11, 12, 28, *29*, 31, 32, 50, *64*
Spann, O. 45
Stadelmann, R. 11
Stammler, W. 10, 11, 28, *66*, 70
Staudenmair, A. 68
Steinbüchel, Th. 11, 72
Stenberg, P. A. 71
Stephenson, G. 45
Stiehl, L. 46
Stötzel, G. 70
Stolz, A. 3
Strauch, Ph. 12, 15, 31, 44, *56*

Théry, G. *17*, 23, *27*, *30*, *60*, *62*, 69
Thurston, H. 3
Traunbauer, I. 11

Udert-Lampka, I. 70
Ueda, S. 71
Underhill, E. 3

Vernet, F. 15
Völker, L. 70
Volpe, G. della 45
Vooys, C. G. N. de 50

Wackernagel, W. 33
Wackerzapp, H. *49*, 72
Waldenfels, H. 71
Walter, J. v. 69
Wechssler, E. 71
Weinhandl, F. 45
Weithase, I. 70
Weiss, K. 26, 46, 50, 68, 69
Wentzlaff-Eggebert, F. W. vi, 10, 11, 12, *48*
Wilms, H. 12
Winkler, E. 68
Witte, F. 13
Wodtke, F. 13
Wolff, H. 45

Zahn, J. 3
Zapf, J. 70
Zeller, W. 71
Zippel, W. 11
Zirker, O. 13
Zuchold, H. 71

SAMMLUNG METZLER

M 1 Raabe *Einführung in die Bücherkunde*
M 2 Meisen *Altdeutsche Grammatik I: Lautlehre*
M 3 Meisen *Altdeutsche Grammatik II: Formenlehre*
M 4 Grimm *Bertolt Brecht*
M 5 Moser *Annalen der deutschen Sprache*
M 6 Schlawe *Literarische Zeitschriften [I:] 1885—1910*
M 7 Weber/Hoffmann *Nibelungenlied*
M 8 Meyer *Eduard Mörike*
M 9 Rosenfeld *Legende*
M 10 Singer *Der galante Roman*
M 11 Moritz *Die neue Cecilia. Faksimiledruck*
M 12 Nagel *Meistersang*
M 13 Bangen *Die schriftliche Form germanist. Arbeiten*
M 14 Eis *Mittelalterliche Fachliteratur*
M 15 Weber/Hoffmann *Gottfried von Straßburg*
M 16 Lüthi *Märchen*
M 17 Wapnewski *Hartmann von Aue*
M 18 Meetz *Friedrich Hebbel*
M 19 Schröder *Spielmannsepik*
M 20 Ryan *Friedrich Hölderlin*
M 21 a, b (siehe M 73, 74)
M 22 Danzel *Zur Literatur und Philosophie der Goethezeit*
M 23 Jacobi *Eduard Allwills Papiere. Faksimiledruck*
M 24 Schlawe *Literarische Zeitschriften 1910—1933*
M 25 Anger *Literarisches Rokoko*
M 26 Wodtke *Gottfried Benn*
M 27 von Wiese *Novelle*
M 28 Frenzel *Stoff-, Motiv- und Symbolforschung*
M 29 Rotermund *Christian Hofmann von Hofmannswaldau*
M 30 Galley *Heinrich Heine*
M 31 Müller *Franz Grillparzer*
M 32 Wisniewski *Kudrun*
M 33 Soeteman *Deutsche geistliche Dichtung des 11. u. 12 Jh.s*
M 34 Taylor *Melodien der weltlichen Lieder des Mittelalters I: Darstellung*

M 35 Taylor *Melodien der weltlichen Lieder des Mittelalters II: Materialien*
M 36 Bumke *Wolfram von Eschenbach*
M 37 Engel *Handlung, Gespräch u. Erzählung. Faksimiledr.*
M 38 Brogsitter *Artusepik*
M 39 Blankenburg *Versuch über den Roman. Faksimiledruck*
M 40 Halbach *Walther von der Vogelweide*
M 41 Hermand *Literaturwissenschaft und Kunstwissenschaft*
M 42 Schieb *Heinrich von Veldeke*
M 43 Glinz *Deutsche Syntax*
M 44 Nagel *Hrotsvit von Gandersheim*
M 45 Lipsius *Von der Bestendigkeit. Faksimiledruck*
M 46 Hecht *Christian Reuter*
M 47 Steinmetz *Die Komödie der Aufklärung*
M 48 Stutz *Gotische Literaturdenkmäler*
M 49 Salzmann *Kurze Abhandlungen über einige wichtige Gegenstände a. d. Religions- u. Sittenlehre. Faksimiledr.*
M 50 Koopmann *Friedrich Schiller I: 1759—1794*
M 51 Koopmann *Friedrich Schiller II: 1794—1805*
M 52 Suppan *Volkslied*
M 53 Hain *Rätsel*
M 54 Huet *Traité de l'origine des romans. Faksimiledruck*
M 55 Röhrich *Sage*
M 56 Catholy *Fastnachtspiel*
M 57 Siegrist *Albrecht von Haller*
M 58 Durzak *Hermann Broch*
M 59 Behrmann *Einführung in die Analyse von Prosatexten*
M 60 Fehr *Jeremias Gotthelf*
M 61 Geiger *Reise eines Erdbewohners i. d. Mars. Faksimiledr.*
M 62 Pütz *Friedrich Nietzsche*
M 63 Böschenstein-Schäfer *Idylle*
M 64 Hoffmann *Altdeutsche Metrik*
M 65 Guthke *Gotthold Ephraim Lessing*
M 66 Leibfried *Fabel*
M 67 von See *Germanische Verskunst*
M 68 Kimpel *Der Roman der Aufklärung*
M 69 Moritz *Andreas Hartknopf. Faksimiledruck*
M 70 Schlegel *Gespräch über die Poesie. Faksimiledruck*

M 71 Helmers *Wilhelm Raabe*
M 72 Düwel *Einführung in die Runenkunde*
M 73 Raabe *Einführung in die Quellenkunde zur neueren deutschen Literaturgeschichte* (bisher M 21a)
M 74 Raabe *Quellenrepertorium zur neueren deutschen Literaturgeschichte* (bisher M 21b)
M 75 Hoefert *Das Drama des Naturalismus*
M 76 Mannack *Andreas Gryphius*
M 77 Straßner *Schwank*
M 78 Schier *Saga*
M 79 Weber-Kellermann *Deutsche Volkskunde*
M 80 Kully *Johann Peter Hebel*
M 81 Jost *Literarischer Jugendstil*
M 82 Reichmann *Deutsche Wortforschung*
M 83 Haas *Essay*
M 84 Boeschenstein *Gottfried Keller*
M 85 Boerner *Tagebuch*
M 86 Sjölin *Einführung in das Friesische*
M 87 Sandkühler *Schelling*
M 88 Opitz *Jugendschriften. Faksimiledruck*
M 89 Behrmann *Einführung in die Analyse von Verstexten*
M 90 Winkler *Stefan George*
M 91 Schweikert *Jean Paul*
M 92 Hein *Ferdinand Raimund*
M 93 Barth *Literarisches Weimar. 16.—20. Jh.*
M 94 Könneker *Hans Sachs*
M 95 Sommer *Christoph Martin Wieland*
M 96 van Ingen *Philipp von Zesen*
M 97 Asmuth *Daniel Casper von Lohenstein*
M 98 Schulte-Sasse *Literarische Wertung*
M 99 Weydt *H. J. Chr. von Grimmelshausen*
M 100 Denecke *Jacob Grimm und sein Bruder Wilhelm*
M 101 Grothe *Anekdote*
M 102 Fehr *Conrad Ferdinand Meyer*
M 103 Sowinski *Lehrhafte Dichtung des Mittelalters*
M 104 Heike *Phonologie*
M 105 Prangel *Alfred Döblin*
M 106 Uecker *Germanische Heldensage*

M 108 Werner *Phonemik des Deutschen*
M 109 Otto *Sprachgesellschaften des 17. Jahrh.*
M 110 Winkler *George-Kreis*
M 111 Orendel *Der Graue Rock (Faksimileausgabe)*
M 112 Schlawe *Neudeutsche Metrik*
M 113 Bender *Bodmer/Breitinger*
M 114 Jolles *Theodor Fontane*
M 115 Foltin *Franz Werfel*
M 116 Guthke *Das deutsche bürgerliche Trauerspiel*
M 117 Nägele *J. P. Jacobsen*
M 118 Schiller *Anthologie auf das Jahr 1782 (Faksimileausg.)*
M 119 Hoffmeister *Petrarkistische Lyrik*

J. B. METZLER STUTTGART